JN074023

僕が見てきた宇宙と日本の歴史

神原康弥

青林堂

【目次】

パート1

宇宙の話

●宇宙の仕組み

これは以前に出した本でも書いたことですが、ぼくは物心がついたころから、宇宙から聞こえてくる音楽を子守歌代わりにしていました。

やがて魂が体から抜けだして、宇宙へいく感覚を覚えました。

宇宙に向かってどんどん上がっていくと、藍色の空間に薄黄色の星がまたたきはじめ、やがて大きな光の前に出ました。その光の中心から金や銀、緑、赤、青といったたくさんの色の光の粒があふれでてきて、ぼくの体に入ってきたのです。

そして光から、声が聞こえてきました。

「新しいステージをあげるから、次へ上がりなさい」

そして目覚めると、家の中は光に満ちていたのです。

こうしてぼくが見てきた宇宙は、下級層、中級層、上級層と、大きく3つに分かれていました。その上に大きな光の根源があります。

まず一番下の下級層ですが、ここは亡くなった人の魂が、グループ化して癒される場所であり時間です。人の一日でいうと、夜の睡眠時間のように、魂を休める層なのです。

次の中間層には、いろいろな波動に別れた、魂のグループがいます。下級層に比べると賑やかで、光の動きがある層で、とてもきれいに見えます。魂のグループはたがいに地球でのできごとをシェアし学びを深めていきます。そしてもう一度地球へ生まれていくのです。

上級層というのは、神様クラスの魂がいる場所です。

そして上級層の上に、宇宙根源の光があります。神様はみなこの宇宙根源と対話しながら癒やし、学びを深めています。

宇宙根源から降り注いでくる光のエネルギーは、上級層、中間層、下級層の順で降りそそがれ、最後に地球へ降りてきます。

このエネルギーは、そのたびにだんだん粒が細かくなってきます。

たとえば上級層から中間層へ降りてきたエネルギーは、そこで少し細かくなります。さらに、中間層から下級層に降りるときには、もっと細かくなるのです。

具体的には、中間層で半分くらいに、下級層では3分の1から5分の1くらいの大きさに変わるのです。そして地球に降るころにはほとんど粉のようになっていて、ふつうの人間の目には見えなくなります。

なぜ大きさが変わるのかというと、それぞれの層のレベルによって受け取りやすいエネルギーの粒の大きさ、波動に変わるからです。

逆にいうと、下級層にいくほど魂は、光のエネルギーを受け取るのが下手ということになります。それは人間の意識が受け取りを邪魔するからなのですが、下級層ではまだその人間の意識が強いので、なかなか上手にエネルギーを受け取れない、ということになります。

●魂の癒しの場の下級層

下級層は、死を迎えて体から離れたばかりの魂が集まるところです。人が死ぬとお迎え（上級層の魂）がやってきて、集合場所にいくように指示され、そこからまとまって下級層へと移動するわけです。

ちなみに熱量のないカサカサの魂は、下級層にすら入ることができません。どうなるのかというと、宇宙の入り口で漂う「悪魔のような存在」になってしまうのです。

さて、無事に下級層に到着すると、そこで魂はシャワーのように光のエネルギーを浴びて自分を浄化させ、元気にさせていくプロセスに入ります。

何を浄化するのかというと、妬み、そねみといった悪い感情です。こうしたマイナスの感情はエネルギーとしてとても重いので、いちはやく浄化する必要があります。それができなければ、上の層には上がっていけないのです。

おもしろいことに宇宙のエネルギーは、魂それぞれの意識や考え方で吸収率も大きく変わっていきます。

癒されたい、休みたい、ずっと寝ていたいという思いが強い魂はなかなか宇宙のエネルギーを吸収せず、500年でも1000年でもじっと下級層に留まったままです。でも、早く癒されたい、どんどん先へ動きたいと思っている魂は、宇宙のエネルギーの吸収も早く、癒されるのも早いのです。

その差は、考え方にあります。

エネルギーがたくさん入ってくる、入ってきてほしいと思えば、それだけたくさん入ってきます。ぜんぜん入ってこない、なかなか入ってこないと思えば、あまり入ってきません。エネルギーというのはそういうもので、あくまでも自分で引き寄せなければならないものなのです。

●学びの場の中間層

下級層で宇宙のエネルギーを十分に受けて元気になった魂は、グルグルと少しずつ動きはじめます。そのスピードが上がっていくと、やがて下級層と中間層の間にある幕を破って、次の中間層に移動します。

この移動でも、生きていたときに地球上でどんなことをやってきたか、幸せだったか、満たされていたかによって到達するレベルが変わります。同じ中間層といっても、幅はとても広いのです。

下級層に近いところにしか移動できない魂もいれば、上級層に近い上のほうにいく魂もいます。パワー波動が強い人が、満たされた感、幸せ感が強い人、自分がどうすれば活かされるかを知っている人は、上級層近くまで一気に上がります。詳しくは後述しますが、中間層を飛び超えて上級層に居る魂もあります。

これは本当にその人の魂のパワーによって変わってくるのです。

中間層で行われるのは、ひとことでいうとグループによる魂の勉強会、シェアする会です。

シェアする会というのは、その人が地球でどう生きたかを振り返り、気づき、学びをシェアするもので、そのグループではもう十分に話し終えた、退屈になったと感じると、違うグループに移動していきます。

移動することによって、少しづつ波動を高めるのです。

地球で経験したこと、感じたことを多くの魂でシェアをして、生きるのは楽しい、やっぱり地球はいいなと思えたら、輪廻転生、生まれ変わりの部屋へ行きます。

そこではまず次の生ではどんな役割りを持ち、何をするかを決めて、次にどこの地域に生まれるか、どの親にするかを決めるための準備に移ります。

おわかりのように、人間の魂は地球上と下級層、中間層を行ったり来たりします。これを輪廻転生といいます。

では、上級層とはどのような宇宙なのでしょうか。

●神様の住み処、上級層

上級層は神様クラスの魂がいる宇宙です。

もう生まれ変わることはありません。

ここに来ることができるのは、下級層での癒しが終わったあとで、中間層をとおり越えて一足飛びで上がってきた魂です。

神様の世界ですから階級があるわけではないのですが、役割別、仕事別にピラミッド型になっています。

ひとつは先ほど書いた、亡くなった人をお迎えに行く役割、魂を集めて連れてくる仕事をしています。

また、連れてくる途中、エネルギー不足でもたもたしてしまう魂にエネルギーを分け与え補助する、大切な仕事をしています。

神様というと、人生で大成功した人や、位が高い人をイメージしがちですが、実際にはふつうの人でもなることができます。

東日本大震災のときにぼくが感じたのは、一度にたくさんの人が亡くなったので、とにかくたくさんのお迎えの神様が必要になったということでした。

大震災の直前には、下級層からいきなり神様になる魂がたくさん出ました。

下級層はいつも魂であふれているので、なんだが少し空いてきたなと思っていたら、この上級層にたくさんの新しい神様が待機していたのです。

この新しい神様たちが、震災被害を受けた地上に助けにいきました。

とくに覚えているのが、ぼくが「おばちゃん神様」「船乗り親方神様」と呼んでいた魂です。

「働いたことはありませんが、子育ては一所懸命やりました。大変だったけど、5人の子供をみんな、大学に行かせました」

そういっていた、元主婦の神様、「十五の時から船にのってつらい仕事も一生けんめいやってきた」と言った、声も大きい体も大きい船乗りの親方をしていた神様でした。

大震災の直後には、「私は死んでしまったけれど、娘がどうなったのかわからないから、ここから宇宙へ飛び立てません。ここから動けません」「俺の嫁はどこにいるのだ？」と訴えさまよう魂がたくさんいました。

「おばちゃん神様」は不安がる死者の魂と同じ目線で、「大丈夫、宇宙から地球を見て探すほうが見つかるから、先にいきましょう」とか、「お母さんなら気持ちをしっかり持って」とか「じゃあ、何分間かだけ、ここで待ってみましょう」というような交通整理、交渉をものすごく上手におこないました。

「船乗りの親方神様」は海の近くで亡くなった魂に向かって「お前らしっかりしやがれ、それでも海の男か、ぐだぐだしないで身体から魂を引き離せ」「お前らは死んだんだから、オレと一緒に宇宙へ帰るんだ」と多くの人に向かって叫び、自分のエネルギーを与え続けました。その姿はなくなった魂と神様の光とがごっちゃになって動めく中いっとう輝きを放ちぼくの心をとらえたのでした。

不安になっている魂にしてみれば、自分と同じような境遇、立場の魂なのだから信頼関係が生まれます。偉い神様より、自分と同じ目線の神様のほうが信頼できるからです。

ほかにも、かつてはサラリーマンで部下の面倒をたくさん見ましたが、出世は課長止まりだったとか、昇進試験は受けなかったけれど部下を育てるが好きだったとか、そういう人の魂のほうがこの時、活躍することは多かったと思います。

しかもいまは、そういう神様がとても不足しているのです。

お迎えという仕事は自分のエネルギーをたくさん使うので、そう何度も連続してはいけません。お迎えが終われば自分を癒す必要があります。また、新たな勉強もしなければならないので、たくさんの神様がいないと困るのです。

そのためにぼくは、「康弥君、是非この神様の仕事を喜び愛してくれる人を探してください」と、神様から頼まれています。

また次のレベルの神様は、中間層で勉強をするグループの先生役、指導役でもあります。その神様も魂たちの学びを深めてもらうため、自らも宇宙根源の光と対話し神様自身も成長を計っているのです。

●上層級の天照大御神《アマテラスオオミカミ》

次のレベルの神様は、宇宙と地球の間のエネルギーを統一するために活動しています。地球上で災害が起こると人間は悲しみに暮れ、一気にエネルギーが下がります。

一瞬で収まれば心配はありませんが、大きな災害であればあるほど人間は悲しみのマイナスエネルギーを放出させ、地球も宇宙もエネルギーが下がりますので、この層の神様達は自分のエネルギーを地球の滞っている場所めがけて下ろすのです。

神様のエネルギーをあびることで人間は早く元気になり、いつもどおりの生活ができるよう、神様達は努力なさっているのです。又一人一人に守護霊としてエネルギー（メッセージ）を下しても下さっています。

この層の神様はじきじきに天照大神の命令を受け、世の中に良い波動を持って良い行いをする人に助言、助けのエネルギーを送るのです。その人は天照大御神に選ばれた人となります。

天照大御神は宇宙で一番の神様です。

イエス・キリストでも仏陀でもなく、レオナルド・ダビンチでもありません。それは驚異の象徴でもあります。

天照大御神の血筋を受け継ぐ私達日本人は霊性の高い人種といえます。天照大御神はこの宇宙のトップに君臨し続け、別時空のトップと更新し、地球とこの宇宙を守り続けているのです。

僕は天照大御神より助言をいただき、自分の役目を果たすよう導かれています。僕は僕がやりたいと思うこと、言いたいと思うことで自分の役目を果たすことができるのだそうです。それを聞いたときは混乱し自信が無いことに気づきましたが、今はその助言を信じていこうと思っています。

また、宇宙と地球の情報を拡げることで、役目は全うできるのだそうです。
この情報は人間にとってとても大事なことになるからです。

パート2

古代日本の話

●時空を超えた先に見えるもの

講座の生徒さんから「康弥さんは時空を超えて別の世界を見ることができると言っていますが、どのくらいの別世界があるのですか？」と、問われました。

その時は数えたことがなかったので、「数えたことがないんだ」としか答えられませんでした。しばらくして、あの答えができるようにと、時空を超えてみようと思ったのです。

僕は今まで地球から宇宙へ、そして最後は光の根源に到達すると語ってきました。しかし、僕が見えている世界はそれだけではありません。光の根源の先の世界。根源を中心にして、地球と宇宙の反対側には8つの世界があって、その8つの世界の奥にはいくつもの時空の扉があり、また別の世界があります。地球とほぼ同じような世界もあれば物質はなにもなくうす黄いろい空間が拡がっているところもあり、同じような人間にちかい動物がいる空間もあればただ自然が広がっている世界もあります。僕は一つずつその別世界の扉を開け続け、全部で１８０の扉まで開けることができました。

ちょうど１８０数えたところで、あまりにも多くの世界があると感じ、戸惑いと恐れから数えることを断念しました。

１８０個の時空全てがどんな世界か表現することは難しいですが、宇宙人と言われる存在はこの世界からやってきています。それは四ヶ所の世界から来ているようです。

この宇宙人をA、B、C、D、に分けるとして、Aの宇宙人の特徴は、温厚な性格、頭脳明晰でかなりの知識を持つ。時々地球を観察して人間の意識データを収集し、地球だけではなく時空を簡単に飛び越え、同じように収集に努めています。

これは自分たちの世界を守り、万が一時空を奪い合う戦いに備えるためのようです。しかし戦いを好んではいないようです。

Bの宇宙人は反対に、冷血、好戦的、好奇心旺盛。この宇宙人は地球によく観察にきており、地球が滅亡するのを待っています。地球人がいなくなった時には、自分たちの世界にしようと乗っ取りを計画しているためです。

Cの宇宙人、熱い善の波動を持っている。全ての世界が平和で愛に満たされることを目標、目的として活動しているようです。時折地球を視察し、滞りがないかを調べています。アマテラスの努力だけではどうにもならないような地球の災害時や事件にはプラスエネルギーを下ろし、手助けをしています。全世界のパトローラー的存在です。

Dの宇宙人。他の宇宙人の意識や文明に比べると少々立ち遅れている感じがあります。しかし、時空を超えるという訓練を集団で行っていて、そのため人の目につきやすく、私達が映像で捉えているＵＦＯはほとんどがこのＤ

の宇宙人と思っていいでしょう。ほぼ情報収集しているだけで、地球に干渉をしていないようです。

このように世界とは本当に拡く、宇宙と地球だけではない多くの世界と意識情報物体があるのです。しかし輪廻転生を繰り返す私たちの魂は反対側の世界には行くことができません。波動が違いすぎるために移動が不可能なのです。ただ唯一それが可能な魂は天照大御神と宇宙と地球あわせて数百名の魂だけなのです。

●「クニ」の誕生

その昔、日本列島で「クニ」という考えが出てきて、さらに位のようなものも生まれてきました。

ものを作る農民や職人、さらにそれらを売ったり買ったりする商人と、職業別に住むところも変わっていきます。すると私の住む場所はここだという概念が出てきて、なんとなくみんなが落ち着きはじめました。

これが縄文時代末期のことです。

神武天皇のお父さんとされる、ウガヤフキアエズノミコトが国を治めていたのは、ちょうどそんな時代でした。

その少し前まではどこに住んでもいいわけで、だれもが食糧を追って移動しながら暮らしていました。勝手に旅に出ることも珍しくありません。たとえば自然の産物、クルミなどの食糧をたくさん拾ったなら、それをもって北の方角に行ってしまってもいいのです。あるいは海で魚を獲りながら、ずっと海辺を旅して歩く人もいました。

ところが農業が始まったことによって、この土地は自分の土地だから、私はずっとここに住みます、という考え方が出はじめます。

その後、「ここからここが自分の国で、私たちはここまでを治めます」という概念ができあがってきました。

これが「クニ」の始まりです。

と同時に、住むということに対する安定感も生まれてきました。ここにいれば心配はいらない、という考え方です。

それまでは自然の獲物を求めて、今度はこっち、次はあっちと先々まで考えながら生きていたのですが、農業さえしていればずっと同じ場所で生きていけるという安心感が芽生えたのです。

●卑弥呼《ひみこ》は複数いた

やがてその「クニ」の中から、卑弥呼という存在が生まれてきました。初代の神武天皇よりもずっと前のことです。

卑弥呼というのは、頂点に立つ存在のことです。ですからひとりではなく、代々受け継がれ6代まで栄えました。卑弥呼に5〜6人の相談役のような人がついて、彼らがいろいろと考えながら「クニ」を治めていました。

卑弥呼が「神がこうしろと言っています。ああしろと言っています」と提案すると、それに対して相談役がそれぞれ人々に伝えたほうが良いか、なにを準備したら良いか考え、行動しました。

ですから、本当に政《まつりごと》を考えていたのはごく少人数で、そんなにたくさんの家来がいたわけではありません。

ちなみに卑弥呼という「制度」が滅びはじめたころ、神武天皇が入れ替わるように現れたのではないかとぼくは思います。

最初に卑弥呼と呼ばれていた人は、独身で通しました。

この人はまだ子供でしたが、予言がすごく当たるので卑弥呼として拉致同然に連れてこられました。ちなみに卑弥呼とは「予言する女王」という意味だと思います。

もともとは農民の子だったのですが、卑弥呼という女王の地位に有無をいわさず就かされました。

親から引き離され、大人と一緒に生活し、「クニ」を治めるための教育をされたわけです。10年くらい活躍して、病死したのではないかと思います。

それも突然死に近い形で亡くなられています。

2代目、3代目も同じように、予知能力のある女の子が選ばれました。

6代で100年と少しという時間でしょうか。

その後は武力の時代になったことで、男性が継いでいます。

最後の卑弥呼は、「クニ」を豪族に乗っ取られて失脚し、亡くなったようです。

●最初の卑弥呼

卑弥呼について、もっとお話ししましょう。時空を越えてその場に行ってみます。

一番最初に卑弥呼と呼ばれた人は足が弱かったので、自分だけでは歩けなかったようです。それでも抜群の才能を持っている人だったので大絶賛され、亡くなった後も、同じような子供に引き継いでもらおうと思うほど強い影響力のあった人です。

最初はまだ衣裳も決まっていなかったようです。髪は長くておかっぱ頭でした。前髪は切っていたと思います。子供のころ、13歳くらいで卑弥呼となって、23～24歳くらいまでその地位にいました。

それからは代ごとに特徴がはっきりしていって、髪にはバンダナというか、

初代卑弥呼

ハチマキのようなものを巻いて、そこに宝石でできた装飾品のようなものをつけています。

想像図で描かれているような首飾りに勾玉や宝石をつけるようになったのは、もっと先のことでしょう。

初代の卑弥呼はまだ子供だったので、身体も小さく、童顔で丸顔です。ただ、眉がないのです。剃ってしまったのか、もともとないのかまではわかりません。小さいけれど、クリっとした目をしています。

鼻はあまり高くなくて、ちょっと団子鼻です。口も大きくはありません。

身体的特徴としては、すでに書いたように片足をひきずって歩いています。足はあるのだけれど、動かないようです。だから周りには5～6人の祭祀を司る男性がいて、さらに女性のお付きの人が2～3人います。

移動するときには、男性に抱きかかえられるようにしています。

3人くらいの女性は身支度や、食事の準備をしたり、装飾品や衣裳を作ったり、身の周りの世話をしたりする人たちです。

服も、仕立て屋さんのような人が最初は専属についていたのですが、だんだん周りの男性やお付きの人たちのものまで作るということになって、外に発注して作ってもらうようになりました。

この時代になると刀剣や刃物を作る人間が出てきたので、そういうことは外の職人に頼むようになってきたのです。

●それ以降の卑弥呼

初代から3代は子供が選ばれていますが、4～5代は成人の女性が選ばれていたと思われます。とくに最初の3人までは才能を持っている人が選ばれて、「卑弥呼」になりました。

12～13歳で選ばれて、宇宙の言葉を地上に下ろして人々に喜ばれる、ということをしていました。

ひとりめ、ふたりめはまだ、それほど政治的な存在ではありませんでした。神からの言葉を預かる預言者のようなことを行っていて、そろそろ稲刈りをしなさい、祭りの準備をしなさいと、そういうことを指示する役割でした。いまでいう神道の新嘗祭《にいなめさい》のような雰囲気で、新たな収穫を祝い、次の日からは仕事をしなさいと、そういう号令役のような感じだったはずです。

ところが卑弥呼はあまりにもスピリチュアルな力が強かったので、やがて病気の人の癒しなどを始め、ついには政治的なことも予言するようになったのです。

もちろん戦になれば、その指揮もしていました。

あの国と戦う、あそことの争いは引く——そういうことを言っていたのです。

これは戦えば勝てるだろう、これは相手の要求を呑んだほうがいいとか判

最後の卑弥呼

断する政治的な役割に変化していったという感じです。

ですから卑弥呼の初期はお祭りの号令を告げる人、神様の言葉をつないでくれる人、後期は政治的な指導者、という位置づけだったと思います。

後半になると卑弥呼は、髪も長くして、服も着物風になっていきます。頭から被るスタイルではなくて、前で合わせて着るもので、袖もついています。足下はスカートみたいになっていて、腰で結ぶ着物スタイルです。

初代卑弥呼は裸足でしたが、5代〜6代目になると草履のようなものを履いています。

それからアクセサリーとして、勾玉のようなきれいな色の石を身につけるようになりました。それもひとつではなく、三重に見えます。

周りにいる女性も、羽衣のような服を身につけています。これは植物の繊維で作ってあるようです。

●邪馬台国は彦根にあった！

卑弥呼といえば必ず、彼女が統治していたとされる邪馬台国というクニがセットで出てきます。

その邪馬台国がどこにあったのか、これは考古学上の難問とされているようです。東大や京大の学者がいくら議論をしても、なかなか結論が出ません。それもそのはずで、卑弥呼が治めたクニがあったのは、奈良県です。大きな木がたくさんあるところです。

奈良で一番標高が高いところなので、おそらく山の上だと思います。

ぼくの頭には、吉野という地名が浮かんできます。昔も現在もエネルギーがとても高いところで、歴史上、天皇が何度も行幸したところです。

卑弥呼がいたころの吉野は、とても小さな「クニ」でした。だからいままでは何も残っていないのです。

では邪馬台国はどこにあったのかというと、滋賀県の彦根です。ここは水も土地もきれいなところです。邪馬台国は卑弥呼が治めていた国ではありません。

卑弥呼は吉野を治め、邪馬台国は彦根にあったということになります。どちらもそれほど大きな「クニ」ではありません。奈良の半分もありません。

いわゆる『魏志倭人伝』には、すごく大きな「クニ」のように書かれていますが、それほどではなかったのです。「魏志倭人伝《ぎしわじんでん》」はこの2つのクニの話が1つになってしまい、間違った情報が載せられていたことになります。

●九州邪馬台国

実は吉野には、天照大御神《アマテラスオオミカミ》もいらっしゃいました。卑弥呼の「クニ」があった吉野の近くに、天照大御神がいた場所もあったのです。近いけれど、すこし違う場所です。

天照大御神は、その後は皇室の祖先神となって、いままでずっと続いています。一方、卑弥呼のクニは１００年くらいでなくなってしまいました。ですから卑弥呼は卑弥呼でいたし、天照大御神も天照大御神でいました。別人です。天照大御神ももともとは人間でした。そして魂として、いまもいます。

天照大御神と卑弥呼では、ほぼ同時期に存在していたと考えていいと思います。

ようするに、その時代にそういう人たちが複数いたということです。それぞれがそれぞれに国を治めていました。もっといえば、そういう人は東北にもいたし、九州や沖縄にもいました。

日本はそういう能力に長けた人たちが各地にクニを作って、治めはじめたのです。

これはまさに日本の伝統といってもいいもので、縄文時代からそういう人たちがたくさんいました。

「こうしましょう、ああしましょう」

「いや、こうしたほうがいい」

もしも意見が対立しても、その時代では問題はありません。

「天がこれでいいといっているのだから、これでいいのではないですか？」

「そうだね、天がいっているのなら間違いない。そうしましょう」

だれもが納得して、仲良く暮らしていけた時代なのです。

●霊性の系譜

初代の神武天皇も、きわめて霊性の高い人でした。

そもそも縄文時代から、日本人の精神パワーにはものすごいものがあります。

たとえば国内で本当に食べるものがなくなったときには、「食べるものを下さい」と天にお願いすると、たちまち手の上にそれが現れるという、そんな奇跡のようなことをやった人もいたくらいです。

有名な三種の神器にしても、神武天皇の前にパッと現れたといいます。

逆にいうと、天皇になるような人なら、それくらいの能力がなければなれなかったということです。

今日まで天皇という位は、こうした霊的な力に長けた、霊性の高い血筋の人たちが受け継いできたものであるわけです。

もちろんそういう霊性の力は、どうしても時代を経るにつれて薄れていくわけですが、それでも一般の人たちに比べれば、かなり霊性の高い人が生まれてくることは間違いありません。

霊性が高いというのは、最初から霊的なものが見えたり聞こえたりするとか、あるいは見えなくても直感的にわかるとか、そういう能力に長けた人のことです。

天皇家に生まれるということは、どなたもほぼ、そういう能力が備わっているということなのです。

●クニの支配者と霊性

これまで書いてきたように、卑弥呼の時代には、霊的な能力に長けている女性がクニを治めていました。

けれども次第に、そうではない人たちが支配者になっていきます。

そのときに霊的な能力の高い人を側近にして、相談役として働いてもらうというスタイルが徐々にできました。その相談役もやがて、いつもは遠いところにいて、困ったときや、祭事のときだけ招くという形になっていったのです。

こうして次第に、天皇の霊性と政府の権力とは別々のものになっていきます。

やがて、権力者が自分たちだけで好き勝手に政治をする、権力の時代へと流れていきます。

霊的な力を持っている人の言葉を信じない、宇宙からのメッセージを信じない、という権力者、豪族が現れてきます。

そのため本当に霊的な力を持った人たちの一部は、街や村の相談役へと変わっていきます。

平安時代の頃には、霊能力者は町人や村人と接触し、病気の治療や人生相談のようなことをするようになります。また亡くなった霊を慰める儀式などが盛んに行われ、遺族を慰めるような行いが進みます。それと同時に天皇家を除く、豪族や貴族といったくらいの高い人たちとの政治的な関わりは減っていきます。そうやって能力者の役割は変化していきます。

●倭建命《ヤマトタケルノミコト》(日本武尊)

日本神話の英雄、倭建命(日本武尊)についても説明しておきましょう。古代日本の東国と西国を制圧されたといわれる伝説的英雄ですから、皆さんもよくご存じだと思います。

倭建命は景行天皇《けいこうてんのう》の三男として生まれました。

本当の倭建命はホワンとしていて人が良く、だれからも好かれるような人物でした。そして、さほど頭が切れるようなタイプでもなかったようです。

一方で長男(櫛角別王/クシツノワケノミコ)と次男(大碓皇子/オオウ

スノミコ）はとても頭がよくて、お父さんの景行天皇がここまで頑張って盛り立ててきた土地だから、さらに豊かな領土を作りましょうと、稲作を広めることに力を入れたり、きちんと税を徴収する仕組みを作ったりしています。

長男と次男が「だめですよ、お父さん。万が一のときに困るでしょう？」そう言いながら、税を取り立てる仕組みを作ったのです。

ちょうどその時代は戦も多くなってきていました。

彼らは自分たちから仕掛けることなかったのですが、きちんと武装していなければいつ他国に滅ぼされるかわからないからと、景行天皇を説得して武器を備蓄したり開発させたりしました。槍や弓、矛や盾を揃えるようにと、職人に命令したのも長男、次男です。

●英雄譚の真相

『古事記』では倭建命は景行天皇から命じられて、東国と西国に征伐に行ったと書かれています。

けれども実際には征伐ではなく、勉強の旅、視察が目的でした。

息子たちが国のことについては一所懸命にやっていました。

周囲の国々は豊かではありませんでしたので、稲作はこうやってやればいい、道具はこうやって作ると効率がいいということを教えていたのです。

ただ、その内容を正確に伝えるには、あるいは効率よく結果を出すためには、自分たちの国にしてしまったほうが良かったのです。

「そのためにわれわれと同じ国になりなさい」

そういう交渉をもちかけました。もちろん、決裂することもあります。逆に相手から攻めてこられれば、結果として戦いになります。これが戦いの真相で、もともと彼らは戦いが好きではなかったのです。

ですから、領土を増やしたかったから、ということではありません。

それよりも周りの国々がもっと豊かになってほしいという気持ちからだったのです。

●作られたイメージ

倭建命については、もともと気性が荒いので、景行天皇が追いだすようにして遠征にいかせた、というような物語になってしまっています。

『古事記』の記述を見ると、オウスノミコト（倭建命）はお兄さんを殺したということになっています。

でも、それは事実ではありません。先ほど書いたように、倭建命はとても温厚な人物だったからです。

そんなふうに歴史が書き替えられてしまった理由は、やはり戦いがメインだった時代では、強い男でなければ指導者になれないし、一代を築けないという考えがあったからです。兄弟も仲良しだけでは、あまりよろしくないという考え方が『古事記』が書かれたときに反映されてしまったのです。

なぜそうなったのかというと、『古事記』が書かれた時代は壬申《じんしん》の乱《らん》に見られるように天皇どうしが争うような時代で、決してのんびりはしていられなかったからです。叩かれたらなら叩き返さなければ勝ち残っていけなかったので、そのように書き替えられてしまったのです。

『古事記』は天皇家の歴史ですが、勝ち残った天武天皇が編纂させたものなので、どうしても争いの話が表に出てきてしまっています。

けれども本当の歴史はそうではない、ということも多々あるのです。

●遠征は視察

たしかに倭建命の時代は、リーダーは基本的に強い男である必要がありました。

ところが実際の倭建命は、穏やかで物静か、のんびり屋の性格です。

そこで景行天皇が、考えたわけです。

「この子は男の子としては少し弱いので、全国に旅をさせよう」

勉強と視察を兼ねて、荒療治的なことをしました。

「外の世界へ出て、いろいろな国を見てくるといい」

「おまえはいつかは、天皇（大王）になるのだから」

実際のところ、倭建命は天皇にはなれませんでした。けれども、倭建命の息子が天皇になっています（仲哀天皇）。

「あなたはいつか天皇になるのだから」という言葉は、息子の代になって実現しました。

倭建命はとても誠実でした。もちろん、お父さんである景行天皇の意思を実現させることに全力を注いでいました。

長男も次男も三男もみんながすごく優秀で、この3人がいろいろと考えて政策を進めていったのです。

そのなかでも長男と次男は、ものすごくお父さんを尊敬していたようです。景行天皇は、争いのない穏やかな国を作りたいという思いがとても強い人でした。そのため倭建命の息子たちも、できるだけそれに沿って国造りをやろう、という思いがありました。倭建命が亡くなったあとでも、景行天皇、倭建命の遺志を継いでいこうという方針に変わりはありません。

このように倭建命が生きていた時代は、景行天皇、倭建命らの努力により穏やかな時代でした。人々ものんびり過し、だれもがきちんと神様を崇拝していた時代で、争いごとや喧嘩はご法度でした。

●争いの時代は少ない

大雑把に日本の歴史を説明すると、神武東征の時代も争いが多くて、クーデターや殺したり殺されたりという行為が日常茶飯事でした。

そういうこともあって、どうしても「上にいる人は強くなければいけない」という思い込みが強くなってしまいます。

けれども歴史全体を通して見れば―江戸時代は別として―生きながらにして神様級の光の人たちのなかに、むやみに人を殺してしまうような人はいませんでした。

ぼくが見るかぎり、縄文のころから室町時代までは、無差別に相手を殺すということはあまりなかったのだと思います。

ただその途中の鎌倉時代に、本格的な武家政権が誕生してきました。武家が政治的に支配する幕府と、天皇が中心の朝廷とは命の扱い方が基本的に違うのです。

武家は、ほかの武将を蹴散らし、殺して自分が一番になるという考えが中心です。

でも天皇には、人を蹴落として一番になるという考えはありません。ですから朝廷と幕府は、まるで波動が違うのです。波動が違うということは、考え方がぜんぜん違うということです。その差ということになりますね。

そもそも天皇には、人を蹴落としてなるものではない、という考え方が根強くあります。これはおそらく、皆さんにもわかっていただけることだと思います。

パート３

日本成立の話

●天智天皇《てんちてんのう》

皇極天皇《こうぎょくてんのう》の時代、日本が国家としての礎を築くことになった大化の改新（645年）のあと、孝徳天皇《こうとくてんのう》、斉明天皇《さいめいてんのう》を挟んで、蘇我《そが》氏一族を倒した天智天皇が即位します。

蘇我氏は強欲で、権力を使って私腹を肥やしていました。それを正し、天皇中心の政治に戻そうとしたわけです。

この天智天皇から、いよいよ現在の日本にもつながる政治体制がスタートします。

天智天皇と弟の天武天皇《てんむてんのう》、その妃の持統天皇《じとうてんのう》たちは、クーデターを起こす前からいろいろなことを相談していました。さらには優秀な家臣である中臣鎌足《なかとみのかまたり》という人物もいました。

みんなでどんな政治がいいのか、どんな国にしたいのか、ものすごく熱心に話し合っていたのです。

このなかでは天智天皇が年長だったし、クーデター（大化の改新）の中心人物でもあったので、最初に即位しました。

天智天皇は、すごく緻密でした。

それと同時に人間的にはとても懐が深く、人情深く、愛情深い人でもありました。

もちろん、ものすごく優秀な人だったので、自分が即位するとすぐに頭の中に描いていた「こういうことをやらなければいけない、ああいうことも忘れてはならない」という課題に一挙に手をつけはじめます。

ですからその手法が強引に見えたりとか、あまりにも行動が早くて周りの人が理解できず、ついていけなかったということもあったでしょう。

けれど、先ほど書いたように天智天皇の周囲には、天武天皇、持統天皇、中臣鎌足といった優秀な人物たちがいました。

そういう人たちが集まっていたので、大きな改革ができたわけです。

ちなみに天智天皇が即位してすぐ、朝鮮半島の白村江《はくすきのえ》というところで、日本軍は唐と戦って負けています。

その結果、日本は唐から攻められて一時的に占領されてしまったという話があります。

ぼくが見た感じでは、占領されるまではいっていません。でも、かなりの貢物と人間、具体的には2000人ほどの奴隷も要求され、唐に送られたようです。

戦に負ければ、こういうことになるということを学んだわけです。

大きな出来事としては、当時の日本ではすでに、神代文字という古代文字が使われていました。でも、この負け戦で一時的に支配されかけたため、漢字が入ってきて神代文字は廃止されてしまいます。

漢字を使えといわれていたのはそれほど長い期間ではなく、20年間くらいの事だったのですが、そこから神代文字に戻ることはありませんでした。

こうして日本固有の古い文字は失われてしまったのです。

さて、天智天皇、天武天皇、持統天皇の3人が中心となって、国を治めるとはどういうことか、それには何が必要なのかが熟考され、国の土台ができると、そこからはその国の形を継承していくという時代になります。

また、中国との交流もどんどん盛んになってきて、貿易というものの価値が理解されるようになりました。貿易で国を栄えさせることができるということを学んだ時代ということもできるでしょう。

これは、自分の国と他の国という認識がしっかり出てきたということでもあります。どうすれば他の国とうまくやっていけるのかということが、政治の中の一つとして認識されてきた時代なのです。

さらに、中国の都に倣って、藤原京や平城京、平安京といった大きな都も造られていきます。

その延長線上で、天武天皇の時代に日本最初の法律ともいうべき「大宝律令」ができあがり、いよいよ本格的に国家の骨組みができていったのです。

●壬申《じんしん》の乱はなかった？

天智天皇が崩御して天武天皇が即位するときには、血縁同志による皇位争いがあったと歴史は伝えています。

いわゆる壬申の乱です。

本当は天智天皇が誕生したときに、次は天武天皇が即位するということが決められていました。

ところが天智天皇は愛情深い人で、だんだん自分の子供に継がせたいという気持ちが出てきてしまったのです。

皇子は数人いましたが、そのなかでも長男が純真で賢かったようです。

天武天皇も最初は、皇位は親から息子へ継がせていくべきものだから、自分が遠慮するほうがいいのかもしれないと、ひとときは思ったのです。

そしていざ天智天皇が崩御すると、やはり長男（大友皇子《おおとものみこ》）が、自分が皇位に就きたいと言いはじめました。

天武天皇も、たしかにそれがいいかもしれないと賛成したのですが、その長男からこんなことを言われたのです。

「私が天皇になったら、おじさんたちはみんな隠居してください。そうすれば私は、弟たちと一緒にこの国の政治を行いますから」

さすがに、「これまで政治的な経験がない子供たちだけで、そんなことができるわけはない。無理だから、話し合おう」ということになります。

ところが皇子たちは、天武天皇の言葉を一切聞き入れようとはしませんでした。

「いや、自分たちだけで大丈夫です」——と。

そこで争いになってしまった、というのが真相です。

結果的に皇子たちは全員、暗殺されてしまいました。

歴史では、ここで壬申の乱というのが起こって、とても大きな戦いになったとされています。

でも、実際には戦っていません。戦は起こっていないのです。

行われたのは、皇子たちの暗殺でした。

ですから壬申の乱というよりは、もっと規模の小さな暗殺事件です。刀で斬り殺されたのです。

●わずか3日の出来事

天武天皇は天智天皇の3人の息子たち全員を暗殺して、自分が天皇になりました。

もちろん天武天皇が残虐な人だったというわけではありません。

天武天皇も、ものすごく頭が切れて、腕っぷしも強い人物だったようです。

兄の天智天皇より体が大きいにもかかわらず動きは俊敏で、家臣たちからもとても慕われていました。

「この方の判断ならば間違いはない」

そう家臣たちも思っていたわけです。

これはとても大切で、たとえどんなに血筋のいい皇子であっても、やはり家臣に信頼されるような人格者でなければリーダーは務まりません。政治というのはそんなに簡単なものではないということを、家臣たちもよくわかっていたのです。

天武天皇への代替わりは、あっという間に完了しました。

わずか数日の出来事です。天智天皇が亡くなって３～４日後には、天武天皇は自分が天皇になったということを公にしています。

ということは、わずか3日間で天智天皇の皇子たちを殺してしまったわけです。それだけ判断が早かったといえます。

すでに書いたように、歴史では壬申の乱で天武天皇が大友皇子を攻め、大友皇子は最後に自殺したといわれています。

でも、天皇家のなかで1か月も争いごとがあれば、あちらこちらで武装した豪族が兵を挙げていたでしょう。まだそういう世の中でしたから、そんなに時間はかけていられなかったはずです。

もちろん、実行した家臣たちも優秀でした。

彼らは判断が早く動作も俊敏で、皇子たちを捕らえるくらいならほとんど時間はかかりませんでした。半日もあれば十分だったはずです。それくらい急速に事態は展開して、天武天皇の即位が決まったのです。

実際、何か大きなことをするときには、時間をかけていてはいけないのです。

天武天皇は自らが高度な判断能力と瞬時に動く力を備えていただけでなく、自分のために動いてくれる家臣たちがいたということが大きかったはずです。そしてそれもまた、天皇としてのひとつの才能だったのです。

●持統天皇《じとうてんのう》

天武天皇の皇后である、持統天皇もまたすぐれた人でした。彼女はどこか、勉学の神様のような感じがします。

天武天皇が律令によって法整備をしていくときには、持統天皇はそばにいて、文章を書くことなどでそれを手伝っていました。

当時はまだ、女性が政治に関わることはあまりない時代ですが、持統天皇には文章を書くすぐれた才能がありました。そのため、決まった法を広めるための文章を自ら書いて、それをいろいろなところに渡していくということを、持統天皇として即位する前からやっていたのです。

それは天智天皇のころに始まったもので、夫である天武天皇が政策を考えているときにも、そばでそれを聞きながらどんどん文章化していったのです。そういう意味では天武天皇との関係は、夫婦というより、国を治めるパートナーどうしといったほうが適切かもしれません。

それから持統天皇は、いわゆる巫女体質でもありました。卑弥呼以来の、霊的な感性の鋭さを継承していたのです。彼女が神様の言葉を聞き、それを天武天皇に伝えて広く会議をする――そういう役割も担っていました。

●草壁皇子《くさかべのみこ》

持統天皇の息子である草壁皇子もまた、そういう体質でした。

この皇子は、若くして病死しています。

すごく神経の細い、繊細な方だったので、最期はおそらく食事がのどを通らなくなって、衰弱死しています。

持統天皇は草壁皇子を次の天皇にしたいがために、自分の実姉の大田皇女が産んだ天武天皇の子供(大津皇子《おおつのみこ》)を殺しています。

なぜならその子供のほうが、あらゆる面で草壁皇子よりも優秀だったからです。

草壁皇子は虚弱体質でしたが、大津皇子は体が強く、武芸が得意で、しかもハキハキとした性格でした。天武天皇もこの皇子に惹かれていて、彼を次期天皇候補との第一番と考えていました。

国が整って安心すると、次はだれが天皇になるのかということに気持ちがいくのが人間というものです。

大津皇子も、正妻である皇后の子ではなくても、野心というものがあります。

武道に励んだり、国の体制について考えたり、父親である天皇は何を考えているのだろうと悩んだり、ときには周囲の大人たちとそういう話をしたりしたこともあるはずです。

もちろん謀反の疑いをかけられる怖れもあるので、あまり表立ってはできませんでした。

ですが、やはり出る杭は打たれてしまいます。大津皇子の存在に危機感を覚えた持統天皇によって、その言動に尾ひれをつけられ、問題視されたのでしょう。

優秀な人間ですから、自分の成長に意欲をもっていたのでしょう。

そういう意味ではとても青年らしいとぼくは思いますが。でもそれが、本妻である持統天皇にしてみれば、気にいらないところでした。

持統天皇としては、霊的能力にはすぐれていても、精神的、肉体的に弱い自分の皇子が心配だったのです。

ただし、前述のように最愛の草壁皇子は、若くして亡くなってしまったのですが。

ちなみに持統天皇の次は、草壁皇子の第二子である文武天皇が即位しています。

●美しかった持統天皇

持統天皇の外見についても見てみましょう。

ぼくには、彼女の外観があまり日本人風ではないように見えます。

見えているのは晩年の、かなりのお年寄りの時代なのですが、とても肌の色が白くて、頬もぽっちゃりしています。

これははっきり書きますが、髪の毛は黄色です。

金髪、ブロンドといったほうが正しいのでしょうか。

目もきれいなブルーです。

印象としては、ロシア人のような感じです。だから、若かったときにはかなりの美人だったと思います。

服は白っぽい着物を身にまとっていますが、全体に金色の刺繍が施されています。とても細かいレースのような刺繍です。

装飾品は現代の皇室の女性が頭につけるティアラのようなもので、葉や蔓のような金細工が襟元に向かって広がっています。

持統天皇は、母親か祖母が外国系の人だったのかもしれません。

そういう外国の血筋というは当時、とても大切にされていましたから。

天皇に登りつめた理由にはやはり、美しいということがあったのだと思います。

●藤原京

持統天皇の時代に造られた藤原京の様子についても見てみましょう。

この時代は争いごとも増えていましたが、新しいものづくりという目で見ると、国家がものすごく発展していきます。

農業がきちんとできるような体制が作られ、道具が大量に生産されるようになりました。その道具を使って農作業を行うことで、生産性がアップしたのです。

また、衣服や茶碗のような日用品も、どんどん普及しはじめていきます。

それまでは、生活日用品は自分の手で作るものでした。それを専門の職人が作るようになり、売り買いも盛んになって専門店、販売店が多く出てきました。

こうして商業が発展して、藤原京の街もどんどん賑やかになっていきました。

肌の色が違う人もたくさんいて、そうした人たちが違和感なく街の中に溶けこんでいます。人々は肌の色が違うからといって排除することもなく、かといって他国人だからという特別な感覚もありません。

ごくふつうに、そこにいたのです。

「あそこの家はそういう家系、そういう先祖をもつ人だから、自分たちとは少しだけ違うけれど、とてもきれいな顔をしているね」——そのくらいの感じです。もちろん、差別的な感覚などありませんでした。

当時はまだそれほど「日本！」という国家の意識もなかったですし、いろいろな国の人が集まっていても、ほとんど違和感もなく一緒に暮らすことができたわけです。

このころは本当にいろいろな人が海外からやってきていました。

中国やインドや中近東のソグド人との交流はすごく盛んでしたし、たまにですがヨーロッパ系の船も来ていたようです。船の出入りも比較的自由な時代でした。

何か面白いものを売っている、便利なものがあるということがあれば、たちまち人が集まってくるような自由な環境です。そのころの日本人は皆、それを特別に怖いとも思わずに喜んで迎えていたと思います。

もちろん珍しいものほど、最初は偉い人たちから優先的に見ていくわけですが、そのうちにふつうの人たちでも見せてもらえるものが出てきます。

しかも日本人は、海外から入ってきたものを真似て作るのが上手です。いつの間にか職人が、そっくりなものを作っているということも珍しくありません。そういうことを平気でやっていました。

日本人はとても意識が柔らかだったので、こうしていろいろなものがどんどん発展していったのです。

●日本人は派手を好んだ？

持統天皇が着ていた服は、作ったのは日本人ですが、原材料は海外のものです。

布やレースのような材料は海外からの貢物で、日本人のお付きの人が作りました。かなり鮮やかなものをお召しになっています。

この時代くらいから、服装もどんどん華やかになっていったのです。

遺跡から出てくる壁画の衣装などは、時間が経って色があせてしまったものなので、そのことがわかりません。

日本人は本来、鮮やかな色が好きなのです。

今の日本人が地味な色を好むというのは、固定観念にすぎません。

派手な服装をしていてはいけないとか、女の人はなるべく肌を出すなとか、そういう常識めいたものの多くは、実際には明治以降につくられたものなのです。

なお、当時の日本人一般の体格は、基本的には小柄です。

ただ、外国人と混血している人の体は大きめで、持統天皇も当時としては背が高かったのではないかと思います。

●古墳のエネルギー

大化の改新が終わってのち、古墳造りが廃止されるという変化が起こりました。これはとても大きな出来事でした。

なぜなら古墳にはエネルギーが込められていて、しかも大きな古墳の周囲には数キロという規模で結界が張られているからです。

古墳は基本的に神様が眠っている場所なので、結界は「ここからは神様の場所です。侵入しないでください」という意味を持っています。

形式的には「大化の薄葬令」といって、大きな古墳を造営するのはやめようという命令が出たわけですが、その背景には、この時代になると強い結界を張れる人が少なくなってしまった、ということがありました。

古墳というのは台地のエネルギー、龍脈が通っている場所に作られます。その場所を浄めて神様級の人を安置し、周囲に結界を張っていくのです。それにはやはり、かなりのパワーが必要とされます。その作業ができる霊性の高い人がいなくなってしまったのです。

ある意味では、時代とともに人間全体の霊性が低くなってしまった結果、といえるのかもしれません。

縄文時代には、結界もどんどん張られていました。あの時代の人間の霊性なら、簡単にできたはずです。

ここからさらに下って平安時代後半になると、そのような力を持つ人は数える程度だったと思います。もうほとんどそんな力を持った人は消えてしまいます。

安倍晴明《あべのせいめい》という有名な陰陽師がいたといいますが、いくら彼が優秀だったとしても、縄文時代の人の霊能力に比べればまったく劣っているのです。

パート4

空海《くうかい》の話

●空海との出会い

なぜ空海について書くのか。

それは空海が、ぼくにとっての魂の先生、師匠だからです。

空海と最初に会ったのは、ぼくがまだ小学校2～3年生のころでした。宇宙の上級層、神様クラスのところにいったとき、そこに空海がいたのです。

皆さんもご存じのように、空海といえば日本仏教界の巨人ともいえる人です。彼が開いた高野山金剛峯寺《こんごうぶじ》は、いまも日本の霊的パワースポットとして、そして多くの修行僧の魂を磨く場所として、日本仏教界の頂点に君臨しています。

それほど偉大な人です。

ただ当時のぼくは、まだ空海についてあまりよくわかっていませんでした。

それに空海の波動は、どこか近寄りがたいものがあるような、とても厳格な感じなのです。まだ子供だったぼくには、そこがなんとなくなじまないような感じがしていました。

最初のころのぼくは、上級層ではイエス・キリストやガンジー、ゴッホといった、比較的ポピュラーな人の話を聞いていました。

そして小学校5～6年のころになって、ようやく空海とお話ができるようになったのです。

●空海の教え

空海のすごいところは、ぼくを空海が生きていた時代のさまざまな場所に連れていってくれたことです。

ほかの人たちとは、上級層で話をするだけ、コミュニケーションをとるだけだったのですが、空海は瞬間移動のし方を教えてくれ、二人で場所を移動し、又時間も遡ることができるのです。

いろいろなお話を聞かせてもらったし、いろいろな景色も見せてもらいました。

平安京の京都の街はもちろん、日本海に面した天橋立だとか、空海の出身地といわれる徳島の渦潮にも連れていってもらいました。

激しい潮の流れを見ながら、こういうところではこういう魚が獲れるとか、漁民というのはこういう人たちで、こうやって生計を立てているとか、盗賊や豪族がいてその者からどう自分の身を守るのかなどぼくにさまざまな知識を与えてくれたのです。

それがすごくおもしろくて、上級層にいくたびに空海に、いろいろなところへ連れていってもらいました。

空海にぼくが一番いわれたのは、「あなたは大人になったら、私のように日本の国民に対していろいろと発信をしていかなければならなくなる。だから、さまざまなことを知っておかなければならないのだよ」ということでした。

とくにふつうの人の生活について、それがどのような営みなのかを知っておかなければならないと、強く言われました。

日本の一般的な人たち、あるいは底辺で生きる人たちがどんなことを考え、どんなことに悩み、世の中や国がどうなってほしいという希望をもっているのか、それを知りなさいというのです。

そのために漁村や農村の暮らしを見せてくれたのです。

当時はいまの時代からは考えられないほど貧しかったですし、とくに底辺の人々——といっても国民の大多数が底辺なのですが——は、食べ物もいまの3分の1くらいしかありません。それなのに苛酷な労働を強いられて、せっかく生まれた子供たちもバタバタ死んでいくのです。医療がないのでどうすることもできません。だからほとんどの人が、死んでいく人間に対する悲しみを背負って生きています。

空海はそれをぼくに見せて、生きていくことは大変なことなのだ、ということを教えてくれたのだと思います。

そして――。

たくさんの人が死んでいくなかでも、必ず生き残る人間がいます。彼らはなぜ生き残ることができたのでしょうか。それは精神的にも、魂的にも強かったからです。また生きるという運命を持っているからです。運命とは生まれる前に決めてきているシナリオで、大きなシナリオは変えることができません。どんな運命であろうと悲しむ必要はなく、受けいれることが人間の幸せに結びつくことなのです。

「この人たちは貧しく苛酷な労働をしいられるが、それでも親がいて家族がいる。住む家があり毎日、日の光をあびることができる。それこそが一番の幸せなのだ」

　そう、空海はいいました。

　こうしてぼくは、魂に記憶された運命というものを多方面から教えてもらったのです。

●空海の顔

　若いころの空海はとてもハンサムで、キリッとした眉と、大きくて二重の目をしていました。ただ、年を召してからは少し痩せてしまったようで、目のキラキラ感は薄れてしまったような感じがします。

　空海から聞いたのですが、高野山《こうやさん》に上がるときの式典では、天皇から被り物をいただいたそうです。

　イギリス王室の人たちが被る冠に似た金細工で、形は耳を覆えるようになっていたといいます。また、そこから透かし模様の梅の枝のようなものが伸びていて、美しい花が咲いていたといいます。

全体が金でできた細い金細工の冠なのですが、その中に少しだけブルーのカバーが装着されています。これは肌が痛くないようにという工夫なのですが、当時としてはとても珍しい明るいブルーのカバーでした。

どんな高貴な人でも、まさかこんなに明るいブルーは使わないだろうというくらい明るくて、絹製で光沢のある布だったといいます。

同じように着物も、とても薄いフワフワした絹製です。模様も何もなくて、こちらも光沢のあるブルーだったそうで、しかも着物と同じブルーのマントのような長い布をなびかせていて、小僧さんがふたりでその裾を持ったそうです。

そんな派手な服装だったので、空海もさすがに「え!?　こんな服を着て式典をやるのですか?」と思ったそうです。けれど、天皇からいただいたものなので、無下に断ることなどできません。

実際には、かなり評判がよかったといいます。弟子や周りの人たちからも、「気高く上品な御召物でよくお似合いです」といってもらえたそうです。

たぶんこれは、日本のものではなかったのではないでしょうか。

青い布はおそらく絹、シルクです。

普通は肌着にする素材で、白やベージュ、グレーは肌着として身につけるのですが、このブルーの色合いをどうやって出したのかはぼくにはわかりません。

けれど、それを着物にして着たわけですから、あの時代にしてはひどく斬新で豪華な物とされたようです。

空海

●生まれた意味を知る

一方、平安時代の頂点の人たちは、いまと比べればそれほど贅沢品があったとも思えませんが、それでも華美な生活をしていました。庶民との間にはそういう差があるということも教えられました。

同じ時代に同じ国に生まれながら、なぜそのような差ができるのでしょうか？

どこの国にどうやって生まれるかは、宇宙が決めていることだと空海は言います。

「どうして自分は貧しい農民の家に生まれたのだろう？」

そう悔やんだところで、それは致し方のないことだし、無意味なことだとも、空海は言いました。

ぼくにしても、なぜぼくは決して裕福ではない家に生まれたてきたのか、なぜここで生きているのか、なぜこの親だったのかなど、いろいろと考えはじめていたときだったので、この話はとてもありがたかったです。

結論からいうと、基本は宇宙が決めたことではあるのですが、より厳密にはぼく自身の魂がこの家とこの親、そしてこの家族を選んで生まれてきたのです。それは宇宙の光根源の前で自分の魂を映し、対話して出した答えです。

魂の中に記憶される運命はざっくりしたものであり、細かいものではありません。ですから細かな出来事は自分が望んで掴み取っていくものです。例えば水泳3級に上がろう、とかテストで100点取るというようなものは、努力とイマジネイションを働かせることで掴み取るものです。幸せな一生を送りたいのなら、この力を存分に使ってください。人には思いがけない素晴らしい力が眠っているのです。

ぼくは空海によってそれを知り、それを意識して生きてきました。

子供のときから詩人になりたいと思っていて、本を書くという仕事をやりたかったのです。それはいまこうして実現しました。

また、本で発信した内容は、できるだけ大勢の人の前でお話ししたいという気持ちもあります。

だから講演会もやっています。

最初は、障がい者がどうやれば講演会などできるのか、と思われていました。

でも、始めてから4年がたって、母が通訳する方法で行う講演会に違和感を感じない人もずいぶん増えてきたように思います。

願いを諦めなかったのは、空海から「望めばできる！」と教えられたからなのです。

何もせず、何も行動をしないで「国が悪い」「政治が悪い」と言っていても何も始まりません。そもそもそれでは、ひとつもおもしろくないでしょう？

それならば、人生をおもしろくするためにはどうしたらいいのか――それを考えるほうがよほど楽しいと思います。

●見えない世界を考える

もうひとつ、空海に教えてもらった重要なことがあります。

「世の中は目に見える部分と目に見えない部分とがくっついていて、でも正反対みたいになっている」ということです。

じつはここにこそ、現実の壁があるのです。

見えているものがここにあるとしましょう。するとその反対側、目に見えない部分にこそ、その人の意志、エネルギーの力があるということです。

パーセンテージでいうと、見えている部分は20パーセントほどしかありません。逆に見えない部分は80パーセントもあります。

ということは、ものごとを考えるときに、見えている部分だけで判断すると間違いをおかしやすいのです。そうではなく全体を、つまり見えない部分も見て、そのうえで判断をしなければならないのだ――そう空海にいわれました。又、意志や自分のもっているエネルギーを高めることで現実はつくられ形になるものだ。力をつけなさい、ともよく言われていたことです。

●空海に教わった宇宙の仕組み

マイナス的現象については、腫れ物を考えるとわかりやすいと思います。腫れ物というのは、その人の意志や意識が大きくかかわっているからです。悲しい、苦しい、どうしてこんなことになってしまったんだろうというマイナスの考えが魂に芽生えると、それがだんだん自分の体まで蝕んでいきます。その結果、弱い部分が炎症を起こし、化膿するのです。

ということは、腫れ物ができる原因は、本当はその人の考え方、意識の間違えからきているのです。

体から膿を出せば腫れ物が終わるのではなくて、どうしてこのような炎症が起こったのか、その理由まで考えなければ完治したことにはならないのです。

同じことをぶり返すことになります。

これはあくまで一例で、そういうことは世の中のあちらこちらにあります。人間関係であったり、お金のトラブルであったり、事故災難ありとあらゆることには意志や意識のエネルギーがかかわっているのです。

もっといえば自然現象、雨や雷、嵐もそうです。

たくさんの人間のマイナスの意識が集まると、それは地球と宇宙の間に溜まっていきます。これが腫れ物のように炎症を起こしてふくらみ、そこに電気が走って嵐になるのです。

そう、炎症が起こったとき、人間の体でいう膿が、天では電気、雷になるのです。

天がたくさんの人のマイナス意識、マイナスエネルギーでふくれあがっているところに、さらにマイナスのエネルギーが入っていけば、パンッとはじけてしまいます。それが雷の正体です。

もっともレベルが低いマイナスのエネルギーは、人に対する妬みやそねみの感情です。うらやましいと思うくらいならまだましですが、悔しがったり、ののしったりというレベルになってしまうと、完全なマイナスエネルギーになってしまうのです。

これは相手に対する感情だけでなく、自分に対する感情でも同じことです。

思い通りにいかない悔しさを、どうしてぼくはこうなってしまうんだろう、どうしてできないのだろうという自分への責める気持ち。これが憎しみの感情になって、大きなマイナスエネルギーに変わります。

これは同時に、病気の原因にもなるのだ、とぼくは思っています。こうした感情を抱くことが、一番体を蝕むことなのです。

それもまた、空海がぼくに教えてくれたことのひとつです。

●空海伝説

空海については、日本各地に伝説が残されています。

日照りで困っている地方で、空海が杖で大地を突いたら水が出てきたという、いわゆる空海の井戸伝説などはその代表といえるでしょう。

そういうことができたのは、空海がとても強い霊能力、超能力をもっていたからです。だから、いろいろなことも見えていたのでしょう。

ぼくも、能力の使い方を空海に教えてもらいました。あなたの能力はこう使いなさいと、伝授されたのです。

空海にいわれたことで、とくに印象に残っている言葉があります。

「あなたのエネルギーで、思ったことは現実になっていきます。だからぜひ、国を守るためにエネルギーを溜めて使うようにしてください」

じつはこれは、空海もやっていたことなのです。

例えば、大雨が降るとどこの川が氾濫するのか、その情報をぼくたちはふつうの人よりも早くキャッチします。

ぼくのアンテナが、「あ、氾濫しそうだ」と直感するのです。

第1章で書いた、上層級の神様の役割のひとつ、宇宙と地球のエネルギー調整がここから始まります。

意識体のまま何人かの人間が上級層の神様のもとに集められて、「この川は氾濫させたほうがいい波動に変化するのか、それとも地上に混乱しか招かないのか」を判断させられるのです。

このときに、氾濫させたほうがあとで道路が整備されたり、土に栄養がいきわたってよりよい収穫が得られるようになるとなれば、氾濫させたほうがいいと判断します。

けれども、この土地には人がたくさん住んでいて、氾濫すれば悲しみばかりが増え、良い結果はもたらされないと判断すれば、川は氾濫しません。

こういう判断を、ぼくもときどきさせられます。

「この川ですが、氾濫させますか？　止めますか？」

それを瞬時に決めなければならないのです。

僕は現在そういうエネルギー調整の役割、役目をもらっています。

●空海と愛国心

ぼくの愛国心は、空海から教わったものです。

ぼくはこの日本という国を愛しています。

ただし空海から強くいわれたことがあります。

それは、どんなときでも公平であること、世界を中心に考えるということでした。

日本は小さい国であるけれど、世界的に見ればエネルギーの流れとしてとても大事な国です。だから、日本を愛するときにも、世界に対して公平でなければ意味がないというのです。贔屓にならず、世界全体のことを考えながらものごとを判断するのが重要だといわれています。今後日本は世界の中で中心的な役割を担っていかなければなりません。そのためには国民が日本の良さと国に対する純粋な心をとりもどさなければならないでしょう。

空海自身、そういう考えで日本中を周っていました。

そういう役目の人だったので、いろいろなところにいって指導をし、エネルギーを降ろしています。

そして亡くなったあとも、ぼくのような人間を見つけ多くの人を教育してくれています。

魂は永遠です。こちら側の人間が忘れてしまうか、忘れないかの違いだけで、魂はずっと存在しつづけます。

空海は自分を高めるということと、人を育てること、ひいては魂を育てるということに重きを置いている宇宙上級層のトップクラスの神様です。

パート5

戦国時代の話

●利休《りきゅう》の眼力

次は大きく飛んで、戦国時代です。

まずはこの時代のキーマンとなった、千利休について書いておきましょう。

千利休は大坂・堺の商人の家に生まれました。本名は田中与四郎といいます。利休という法名はほとんど使わず、「宗易」で通していました。ですがここでは、歴史上有名な利休を用いることにします。

若いころ、彼はいまでいう素行不良の青年でした。

仕事が嫌で逃げて、ちょっと悪いことをするという若者だったわけです。ただ、古いものに対する愛着、とくに古美術品への愛着心は強く、それゆえに目が利きました。

当然、周りの人からいろいろと質問をされることになります。

「これは本物かな？」

「いくらくらいのものに見える？」

「値段をつけてくれないか？」

そういう頼まれごとに応えているうちに、お茶の道に目覚めていったのです。

ではなぜ、利休はそんなに目利きだったのでしょうか。

それは彼が霊的な力、スピリチュアルな能力に長けていたからです。

ぼくが何かものを見ると、そこからどのようなエネルギーが出ているのかがわかります。品物がどのような人によって作られていくのかが、初めから完成まで映像化されます。

おそらく利休も、ぼくと同じようにものが見えていたのではないかと思います。

古くても新しくても、そこからいいエネルギー、きれいな光が出てれば

「これはいいものです」と語ります。逆にどんなに古くても、何もエネルギーや光が出てこなければ「だいぶ古いものですが、それほど価値はありません」といえるわけです。

このようにものの価値というのは、そこからどんなエネルギーがどれだけ出ているか、ということで決まります。

これはあらゆるものがそうで、名作・名品と呼ばれているものは、それが作られたり描かれたりしたときのエネルギーが記憶され変らず放たれるのでわかるのです。しかも作る人によって、エネルギーの色合いまで決まっています。

例えばルノアールなら、ピンクが少し多めで、他に黄色や薄紫のエネルギーがたくさん出ています。

モネはグリーンや濃い紫色なので、何回も見ていると「あ、これはモネだ」とわかります。

たぶん利休も、壺や茶器などから出てくるエネルギーが見えていたので、「これはいい」「これはおすすめできない」といえたのでしょう。

●わびさびとエネルギー

皆さんに知っておいていただきたいのは、そうしたすぐれたエネルギーが、作品を見ている人にも流れこんでくるということです。

エネルギーそのものは見えなくても、あるいは感じることができなくても、自然と体のなかに入ってくるのです。だから、すぐれた名画を見ることはその人にとってプラスにしかなりません。

利休が生きたのは戦国時代です。

毎日が戦、戦でとても大変な時代でした。

そんな時代なのになぜ、たくさんの武将たちが刀や楯といった武器だけでなく、屏風や壺、茶碗などの名品を欲しがったのかというと、品物そのものだけではなくてそれから放たれるエネルギーに惹かれたのです。戦いに疲れてボロボロになってしまった自分の心を癒すために、そのエネルギーを吸収する必要があったわけです。

もちろんそれには、本物であることが求められます。

「本物が欲しいけれど、自分にはそのエネルギーが見えないから、利休さん、ちょっと見てくれませんか」

そういうことだったのでしょう。

だから利休は、武将たちに重宝がられました。

そのうちに彼はお茶の道に入って、お茶の作法によってエネルギーを操ることができることを理解したのです。

利休のすばらしいところは、「お茶の作法をすることで人はどれだけエネルギーを持てるのか」「自然からエネルギーを取り入れることができるのか、所作によって自分からどれだけエネルギーを出すことができるのか」それを理解し、人に教えたということです。

作法をしっかり守ることで、人には自分自身の軸ができます。そこにはいわゆるインナーマッスルも関係していると思うのですが、軸ができることによって、宇宙のエネルギーを引き寄せることができるのです。

宇宙エネルギーは当時の人たちの心の安定を保つことに役だったのです。そのためにお茶の道はとてもいい、ということに利休は気がつきました。

利休には、わびさびの世界はエネルギーの世界だということがよくわかっていたのです。

ぼくは思うのですが、わびさびは日本人にしか理解できないものです。

秋になって、聞こえてくる鈴虫の音色が気持ちいいと感じるのは、それが音の波動だからです。

鈴虫の音も、鳥の鳴き声も、すべて波動でエネルギーです。

だからぼくは生徒さんたちにも、「鳥の鳴き声を聞いたり、小川のサラサラという音を聞いたりしながら自分を安定させせない」と伝えています。

これらの音は、みな高エネルギーなので、こうした自然の音と一体になることで、そのエネルギーを吸収できるのです。

残念なことに当時は、波動やエネルギーというわかりやすい言葉はありませんでした。いまはこういう言葉を使うだけで理解してもらえますが、あの時代はそうではなかったのです。だから利休は、わびさびという言葉で、このエネルギーのすばらしさを伝えたかったのでしょう。

●茶道の極意

その伝統はいまの表千家、裏千家にも残っています。

お茶の作法のなかに、掌にお椀を乗せてその俯瞰を味わうというものがあります。あれはまさしく、お椀から出てくるエネルギーを感じとっているのです。

もちろん「エネルギー」という言葉は使いませんが、いいお椀が出している波動を感じて掌で受け取っている、ということです。

世のヒーラーさんたちにはぜひ、自分のエネルギーを出してすり減らすだけではなく、こういうことをして微妙なエネルギーの感覚を学びとってもらいたいと思います。

ぼくの母は気功師です。

気功師は手からエネルギーを出すことができるのですが、クライアントの微細なエネルギーをしっかりと感じ取りながらどのようなエネルギーが必要なのかを直感を得て、癒やしの作業を行っています。

そのためにも、お椀をもって質感を感じる、エネルギー感覚を伸ばすというお茶の作法は、きっと役に立つことでしょう。

また、お茶の作法では杓子でお湯を汲んで茶碗に移すという行為がありま
す。このとき、余ったお湯は戻します。捨てないのです。しかも戻したとき
のその音が、季節によってさまざまに変わります。暑い季節と寒い季節では
音が違うのです。

そうなると、それを聞き分ける力も求められるようになります。これはと
ても重要なことで、この音を感じ取れて初めて、お茶を極めたということに
なるのです。

大切なのは耳です。聞く力とは聞こえる音からイマジネーションを働かせ
感じきる力のことです。聞くことによって自分の心がどう感動しているか深
めていくことが、自分の能力開花に役立ちます。

先ほどの鈴虫の音色もそうですが、残念なことに現代人はそうした耳の感
覚を失ってしまいました。

お茶、茶道はスピリチュアル的な能力を磨くとてもすぐれたツールだと、

ぼくは思っています。

また、シャカシャカとお茶を点てて、最後に「のの字」を書いてすっと差し出すという、一連の作法にも意味があります。

お茶を泡立てているときの自分の気持ちはどうなのか。

基本は無の状態でありなさいということですが、それは同時に丁寧にやりなさいということでもあります。丁寧にやらなければきれいな泡にはなりませんから。

そしてそのときの自分の心の状態、自分の精神性はどうなのか。お茶を点てた泡の状態を見ればすぐにわかりますよ、ということだと思います。

だから利休は、お茶の点て方を見ただけで「あなたの状態はこうですね」といえたのです。

●信長《のぶなが》の茶

千利休には、名だたる武将たちがこぞって弟子入りしています。

織田信長《おだのぶなが》はとても好奇心が旺盛な人で、新しいことなら何でもやってみたいというタイプでした。だから利休のことも面白がって、「じゃあ、俺にも教えろ！」というような感じで、けっこう仲良くやっていたと思うのです。

ただし信長という人は性格的にちょっと難のある、難しい人でした。虚栄心がすごく強かったので、最初のころはお茶に関心はあっても素直に「教えてくれ」とはいえなかったようです。

新しいものが好きなので、茶道具を揃えるのも大好きでした。

派手なもの、きれいなものが好きなので、茶道具のなかでもとくにきらびやかな品物を好んで集めていました。

信長には収集癖があって、ものを集めるのが大好きなのです。

だから、「おもしろいものがあったら、どんどんもってこい」となります。

集めて飾って、それでおもしろがるわけです。

ただ、性格的にはとてもわかりやすい人でした。

好き、嫌いがはっきりしているからです。利休も好き、嫌いがはっきりしている人です。

そういう意味でも信長は、利休を好んでいました。おもしろいことを言う奴だな、と。

利休は、それまで茶人だとかわびさびだとか、あるいは骨董品、美術品という考え方がなかった日本に、新しい基準をもちこんだ人です。

古い物に対し
「これは美しい」

「これには価値があります」

そういうことを初めて口にした人なのです。

そこが信長の好奇心をくすぐりました。

ただその一方で信長は、利休はとても面倒くさい人物だと思っていたはずです。

「こっちのほうがいいんじゃないか」

そう信長がいっても、

「いや、そうではありません。こちらのほうがいいです」

頑として譲りません。

利休のすごいところは自分のポリシーがとてもはっきりしていて、だれに対しても主張を曲げず、偉い人や強い人が相手でも決して怖がらないことでした。

それは相手が信長であっても変わらなかったのです。

●秀吉《ひでよし》の茶

織田信長が本能寺の変で亡くなると、次に天下を手にしたのは豊臣秀吉《とよとみひでよし》でした。

そしてこの秀吉に、利休は切腹を命じられてしまいました。

京都にある大徳寺三門に安置された雪駄履きの利休像が、寺を参拝する秀吉に利休の股下をくぐらせることになるということで、それが秀吉の逆鱗に触れたからだと、歴史の本には書いてあります。

ただ、ぼくが感じるところでは、利休は切腹をしていません。

その前の段階で、利休の娘が追放されたというか、たぶん北の方角に逃げています。

秀吉が、利休の娘を自分の側室によこせといったからです。

でも、利休は心を曲げない人ですし、娘も利発で清い人で、「絶対に秀吉のもとにはいかない」と言い、そこで仕方なく、北に逃がしたのです。

1回か2回、利休のもとに手紙が届いたのですが、それからぷつりと連絡が途絶えてしまいました。残念なことに、早くに亡くなってしまったのです。逃げてから1～2年もしないうちのことだと思います。

けれど、利休はそれを知らないままでした。

一説では、これも利休が切腹をさせられた理由だともいわれていますが、ぼくは違うと思います。利休は病死したのです。

なぜ切腹となっているのかというと、秀吉が自らを、強くて権威をもった人物だったと歴史に定着させたかったからでしょう。秀吉には利休を切腹させるほどの力があったと後世に伝えたかった――そういうことだと思います。

信長はイエス、ノーがはっきりした人です。でも、汚いやり方はしない人でした。

秀吉は逆で、ダラダラ、ネチネチと、よくいえば粘り強くやる人、粘着質のタイプです。

利休だけではなくて、いろいろな人にネチネチと意地悪をするので、家臣たちも嫌がっていました。

ダメなヤツだと思ってもクビにするわけでもなく、ただネチネチと意地悪を続けたのです。何か大切なものや人を取り上げてみたり、本人に腹を立てているのに本人ではなくて奥さんや子供を殺したりする人なのです。

それがわかっていたので、利休もなるべく自分から抗ったりはしないようにしていたのですが、それでもときどき陰湿な攻撃がありました。

あれはしてはいけない、これもしてはいけない、外出もダメだ。利休はあちらこちらに旅をしてお茶を教えたり、各地の武将に呼ばれて出かけていったりしていたのですが、娘がいなくなってからはかなり行動が制限されています。

豊臣秀吉

地方の武将に招かれて行けば、そこで秀吉は、自分の悪口をいわれるのではないか、政治的な面でダメ出しをされるのではないか、もしかしたらクーデターの計画を練ってくるかもしれない――そういう恐怖心にかられていました。

最終的に利休は病死したわけですが、秀吉は自分が切腹させたことにして、その力を誇示しようとしたのです。

それだけ利休の影響力は、政治的にも文化的にも強かったのです。

●本能寺《ほんのうじ》の変

織田信長の最期となったとされる歴史上の大事件、それが本能寺の変ですが、それについても真実は違います。

たしかに信長は、明智光秀の軍勢に取り囲まれ、敗れました。でもそこで自害したり、殺されたりはしてはいません。本能寺からひそかに逃げだして、その後は北に向かっています。

お寺のようなところに逃げて、そこで最終的に亡くなったのです。

経緯としては、豊臣秀吉が異変を察知して逃がしたようです。本能寺の外からは見えないところ、トンネルのような抜け道を使って逃がしています。

本能寺には脱出用のトンネルがあったという説がありますから、おそらくそれを使ったのでしょう。

岩穴のようなところから逃げて、地上に出ると馬が用意されていました。

歴史では、秀吉は高松城（岡山県）攻めの真っ最中だったということになっていますが、これも実際は違います。秀吉は忍者のような偵察を送っていて、いち早く異変を知ったのです。それですぐに信長を逃がす手配をしました。

準備が整ったのは本当にぎりぎり、事件の1時間くらい前です。

このときお館様の信長と秀吉、そしてもうひとり、一緒についていった人がいます。自分の身支度をさせていた人です。

このことはその3人しか知らないので、本能寺から信長が逃げたことは家臣たちもわかりませんでした。だから現場は大パニックだったと思います。信長の死体は見つからなかったといいますが、それはこの信長の脱出劇について、だれも知らされていなかったからなのです。

いずれにせよ、混乱のなかで信長は脱出に成功します。けれども、復活を謀るだけの気力も体力も失われていました。何という寺かはわかりませんが、雪深い北国の秋田県もしくは青森県の寺に隠遁したのです。

●本能寺の変の真相

信長を討とうと決めたのは、明智光秀《あけちみつひで》の一存ではありません。

織田信長の身内も深くかかわっていました。

織田信長の妹のお市の方は、北近江の浅井長政《あさいながまさ》に嫁いでいます。

長政はやがて信長と敵対し、自害したとされていますが、自殺などしていません。

問題は浅井長政の父親の浅井久政です。

この人も織田信長との戦いで、城を焼かれて自害したとされていますが、本当は死んではいなかったのです。長政と久政は死んだと偽り、姿を隠していたのです。

そう、浅井久政《あざいひさまさ》こそ本能寺の変の首謀者で、息子の長政と明智光秀が協力し、本能寺の信長を攻めたのです。

初め明智光秀には、信長を殺すつもりなどありませんでした。けれども信長からは、常にゆさぶりをかけられていました。なぜなら信長には、いつか明智にやられるという恐怖心があったからです。

そのためにいろいろと無理難題をふっかけたり、「俺を殺そうとしただろう」などといいがかりをつけていました。

突然、税を多くしたり、「クーデターを起こそうとしているだろう」といったり、「この間、夜道で襲われたのは、お前の仕業だろう」などというのです。

こういうことが再三続いていたので、「もう、やるしかない」と思い詰めた明智光秀が、浅井久政と長政とで策略して決めたのです。

自害していたはずの浅井久政、長政親子に攻められたのですから、信長もさぞ驚いたことでしょう。

なお、久政と長政はこの本能寺の変で亡くなっています。

●追いつめられた浅井長政

浅井久政も長政も、ものすごく真面目で実直な人でした。ですから、織田信長にたてつこうという気持ちなどまったくありませんでした。

本能寺を攻めたのは、一族が滅ぼされた恨みからです。

ではなぜ滅ぼされたのかというと、信長が豊臣秀吉に乗せられたのです。

秀吉は信長にいろいろとご注進をするわけです。

「ああいうことを、いっていましたよ」

「こういうことも、いっていましたよ」

ほとんどはウソだったのですが、段々、尾ひれをつけて話を大きくしてしまう。

信長はそれを信じたので、なんと不届きな奴だ、いちいち勘にさわる奴だ、いつか機会があれば……と。

長政もそれを感じ取っていました。

「なんとなく自分は信長に嫌われているけれど、なぜだろう？　もらった嫁も大切にしているのに……」

結局、秀吉に踊らされていることに気づかなかったのです。

信長と敵対する決定打となったのは、信長から再三、妹を返せという要求をされたことです。

「子供と一緒に妹を返せ！」

戦国時代においてこれは、妻と子を人質に取るということです。つまり、信用されていない。だから、いよいよ自分は殺されるのだという危険を感じてしまいました。

そうなれば、戦えるチャンスをさぐるわけです。ひとりでは絶対に勝てないので、だれを味方につけるか、こうして最終的に父親と本能寺の変に参加することになります。

●お市《いち》の方

北近江にあった浅井氏の居城、小谷城の戦いでは、お市の方が小豆の袋を絞ったものを兄の信長に送り、「挟み撃ちにされる」と知らせたといいます。そのときに信長のしんがりを務めたのが秀吉で、秀吉が楯になって信長を助けた、ということになっています。

でもこれは、一部は当たっていますが、一部は当たっていません。

なぜならその戦いを仕掛けたのは秀吉だからです。

秀吉がそうなるように仕向けているのです。

どちらが勝っても負けても、勝ったほうにつくというのが秀吉の本心です。

とても頭のいいやり方です。

信長もまんまとそれにはまってしまいました。

信長は剛腕ですが、意外と素直に人のいうことを信じるタイプなのです。

最終的に姉川の戦いで、浅井家と朝倉家は滅ぼされます。

繰り返しますが、浅井にはそんな気持ちはぜんぜんありませんでした。

「なぜかわからないけれど、信長に嫌われている、これは信長をやらなければ自分が殺される」――そういう流れに身を置いてしまったのです。

浅井長政は、妻と子供を大切にするとても家庭的な性格です。

一方の妻であるお市の方は信長が天下をとる人と信じ疑っていなかったので信長のいいなりになっていました。

残念ですし、かわいそうな人でもあります。

こうして浅井家は滅ぼされましたが、すでに書いたように長政の父、久政と長政は生き残りました。ここが伝えられる史実とは違うところです。

そして本能寺の変で二人は信長に復讐を果たします。

これはもう絶対にやるしかありません。どんなに優しい人でも、ときには鬼になるということです。

このときに浅井久政・長政親子と組んだのが、明智光秀でした。本能寺の変は、三人で計画をしました。

明智も、このままだと信長に殺されると思ったのでしょう。

相手を殺すことでしか生き残れない厳しい時代だったのです。

●明智光秀《あけちみつひで》はおしゃれ

本能寺の変の実行者だった明智光秀は、おしゃれで派手好きな人だったようです。

三角っぽい顔つきで、ほぼ肖像画の通りです。

当時の肖像画については、どなたもよく似ています。織田信長もよく似ていますし、秀吉も利休もそうです。

ただ、光秀の肖像画については、顔の形が少しだけ違う感じがします。輪郭はもう少し三角で、眉はまっすぐです。鼻は日本人ぽくて、団子鼻で脇に寝ています。ただ、それほど顔に特徴があるわけではありません。

戦のときには、いかにも派手好きといった服を着ています。

どうせ血で汚れてしまうのだからどうでもいいのでは、とぼくは思うのですが、彼らは一張羅《ちょうら》を着て戦に行くのです。大きい戦になればなるほど、一番いい鎧と兜をつけていくわけです。

これは戦の時一番えらい者が美しい着物を着ることで身分を解るようにしていたこともあります。

明智光秀は社交的で、お酒をみんなで酌み交わすのが好きな人でした。そういう場で味方になりそうな人や、部下になりそうな腕のいい人を探してい

明智光秀

たのです。

そういう意味ではすごく策略的な感じもします。優秀な部下をいつも探していたし、味方になりそうな、同じような考え方の人を求めていたのです。

●明智光秀の霊性

明智光秀は次々と主君をかえています。

それはひとつの能力であって、もちろん計算という部分もあるのですが、基本的にはこの人は鼻が効いて、直感的に有利不利を察知する能力が高かったのだと思います。

天下統一に近づきそうな人を、見分けていたともいえます。

もしかすると本人にはそんなつもりはなく、自分のそういう力をわかっていなかったのかもしれません。でも、ぼくから見れば十分に勘のいい、霊性が高い人ということになります。

最新の武器である鉄砲も、だれよりも早く取り入れて使ったといわれています。この人は、本能的にいいものがわかったのでしょう。

鉄砲だけでなく、刀や槍も同じです。

そういう自分に必要なものを、確実に手にする力を持っていたのです。

これは千利休と同じように、いい道具が発するエネルギーを感知する力があったということです。利休と違ったのは、それに対する愛着と執念でした。

豊臣秀吉に対しても、ライバル心は強かったと思います。

ただ明智光秀は――これは徳川家康もそうなのですが――基本は親方の後ろにいて、親方が倒されたら自分が上がるという考え方の人でした。織田信長のように、自分こそが一番だというタイプではなかったのです。

●明智光秀の最期

この混乱に乗じて、政権を奪ったのが豊臣秀吉です。

信長は逃走の果てに気力がなくなり、体調も崩してしまったことで、戦の現場に戻るような力は残っていませんでした。

そして秀吉は、そんな信長を監視下に置きながら、力を伸ばしていきます。

言葉は悪いかもしれませんが、基本的に秀吉は恐怖心が強いタイプです。ですから、ライバルになるであろう明智光秀も、本能寺の変の後ですぐに殺していきます。

これがいわゆる明智の「三日天下」です。

山崎の戦いで秀吉軍に散々討ち負かされ、最後は落ち武者になって殺されたのです。

明智光秀は、社交的ではありますが、心もあまり強くありません。武将のなかでは性格的には優しいほうです。

謀反《むほん》を起こしたのは、その優しい性格ゆえのものでした。

だれかに「こうしよう」といわれると、なかなか「イヤだ」とはいえません。久政と長政に言われると乗らないわけにはいかなくなります。信長への増しみもまし殺さなければ自分が殺されると思いこんでしまったのです。

当時は生き残るために、そういう行動も必要だったのです。だれもが織田信長のように、「俺が天下を取る!」というわけにはいかないのですから。

光秀は、天下を取るために織田信長を討ったわけではありません。皮肉な話ではありますが、あくまでも生き延びるためにそうしたのです。

●女性を味方につけた秀吉

明智光秀は腕っぷしが強く、小柄ですが運動神経もよかったようです。さすがは信長の第一の家臣、という感じがします。

彼が目に見えない力、「気」のエネルギーを使えたことはすでに書きました。

一方、豊臣秀吉にはそういう力はありませんでした。

ただ秀吉は人を操るのが上手で、お館様の信長にも嘘八百を並べて喧嘩させるほどでした。大変な戦略家なのです。

天下を統一すると、今度は女性を上手に使いました。

どういうことかというと、女性をとても大事にするのです。そうするといざというときに、女性たちは動いてくれるのです。

「こうしたいのだけど……こういうふうにしてくれない？」

それだけで、女性たちがいろいろなところに根回しをしてくれます。人の心理を読むのがとても上手だったということです。

もしかすると無意識レベルで、この人はこういうふうにいえば動いてくれるということを感じていたのかもしれません。

当時はそういう能力がなければ上には立てなかったし、実際、秀吉はそういう能力に長けていたのだと思います。

●安土《あづち》城の姿

明智光秀は、本能寺の変の直後、甥の秀満に命じて信長の居城である安土城を焼いています。いままでは資料も少なく、安土城の姿はあまりよくわかっていません。

そこでかつての安土城の姿を、ぼくが少し見てみましょう。

まず、上から見た形は八角形です。

普通の5層の上に、周りがぐるっと板状の廊下になった建築物、天主が載っています。それは西洋の塔のようです。

鳳凰や龍、雲、虎、曼荼羅……そういう装飾が見えます。たしかに立派な建物です。

黒光りした瓦があって、金の帯がついていて……ちょうど真ん中の茶色い壁を、龍が昇っていくような装飾です。

虎の装飾は、仏教か儒教かよくわかりませんが、そういう宗教的なものを意味しているのかもしれません。宝珠や家紋のような紋様も見えます。

それから仏像がたくさん描かれているのが見えます。手を合わせている仏像、目を閉じている仏像、中性的な顔をした仏像がたくさん描かれているようです。ほかにもたくさんあります、それ以上は見えません。

全体に派手な色合いです。緑が目立ちますが、青や赤もあってとても華や

安土城全景

天守台の虎

かです。

屋根の色ですが、全部黒です。手すりは赤、朱色でしょうか。けれど手すりには、一部に青が入っています

窓枠も赤、朱色になっていて、壁は白です。

屋根の裏側は青です。裏側にちらっと青が見えますから。

天主が建つ受け台になるような建物も、屋根は黒で、壁は白です。

全体にとてもおしゃれな色合いになっています。

●天主台の曼荼羅

安土城天主台の曼荼羅は、のちに評判となり多くのお客様が訪問することになります。

描いたのは狩野永徳《かのうえいとく》です。

天守台の曼荼羅

「早く完成させろ、もっと早く描け！」

ずっと叱られながら描いたようです。

もちろん弟子や職人も使いながら描いているのですが、かなり凝ったものなので時間がかかりました。凝ったものにしないと、また叱られますから気が抜けません。絵の中には、あちらこちらに銀箔が貼られています。

この曼荼羅が描いてある部屋は、信長が座る場所が少し高くなっていて、15畳くらいの広さがあります。

そこで曼荼羅を見ながら、みんなが輪になって御膳で宴会をするようになります。

最初のころはその周りに、信長が集めた骨董品や全国からの寄贈品を並べていたのですが、あまりにも多くの人が入れ替わり立ち替わりでやってくるので、最終的にそれらは信長の部屋にしまわれてしまいました。

ですから宝物は、信長がひとりで眺めたり、特別な客に見せたりすることになります。

織田信長は高いところから下の世界を見下ろすのが好きな人でした。

だから、天主の外には手すりがつけられています。

最上階には展望室もありました。

こちらはすごく狭い部屋です。

気が向いたときに、ついでにあがってみましょうか、というような部屋だったので、とくに何も置いてないのです。

ただし、外の手すりや鉄柱は金色になっていました。

●鮮やかな装飾

もう少し詳しく、天主の装飾を見てみましょう。

塔の部分、天主の外側には装飾品はありませんが、赤や青のステンドグラスのようなもの、蔓《つた》が走る唐草模様の凝ったもの、そういった細工が施されていました。

現代社会のものほど洗練されてはいませんが、当時としては十分に芸術作品と言ってよいものです。

外国の宣教師の客もたくさん訪れてくるので、「日本の城と西洋にあるという、城塞の塔との融合はどうだ！」という意気込みなのでしょう。

この時代はイエズス会の宣教師とともに、西洋の文化がたくさん入ってきました。

織田信長はこれらを融合させ、新しい文化を作ったのです。

それまで仏教はこう、神社はこういう作りにしなさいというルールが決められていたので、なかなかこういうおもしろいものは作れませんでした。けれども信長の性格上、だれも反対することはできなかったのでしょう。

龍の絵をよく見ると、龍の鱗《うろこ》が光っています。おそらく貝（螺鈿《らでん》）を丁寧に貼りこんであるのではないかと思われます。

龍の顔のあたりから胴体の３分の１くらいまでは螺鈿で、あとはだんだん黒っぽくなってきますから、このあたりには螺鈿は貼ってないようです。

信長はその絵を見てとても満足しています。

おそらく宗教的なことも考えていたのでしょう。

エネルギーが高い絵に囲まれた部屋、神様と直接つながることで、戦でも勝利を得ようという意図があったのだと思います。

多くのお客様を招き入れましたが、もともとは自分のプライベートな部屋として創りましたが、やがて瞑想部屋になり、作戦会議の部屋になっていきました。いずれにしてもここは信長が自分と向かいあい、自分を見つめることができた部屋で、そういう意味で宗教的になっていったようです。

自分の考えていることが正しいのかどうか、毎朝ここにきて、茶室とは違った意味で宇宙とつながることができる部屋、宇宙を意識できる部屋だった

天守台の龍

天守台の信長像

のです。

●信長と宗教

織田信長は宗教だけでなく、天皇まで否定したリアリストだったといわれていますが、本当はそうではありません。

神仏に対するイエス、ノーはとてもはっきりしていましたが、それはあの時代に必要だったからです。いいことはいい、悪いことは悪いとはっきり伝えるのは当然のことです。ただ、周りがそれに過剰反応して必要以上に信長を怖がっていただけです。

当時の武将は、いまよりもはるかに自分の言動に気を遣っていました。うかつなひとことで首を斬られてもおかしくない時代だから当然です。

そんな時代に、若いころから遠慮なくずけずけとものをいうことで、周囲

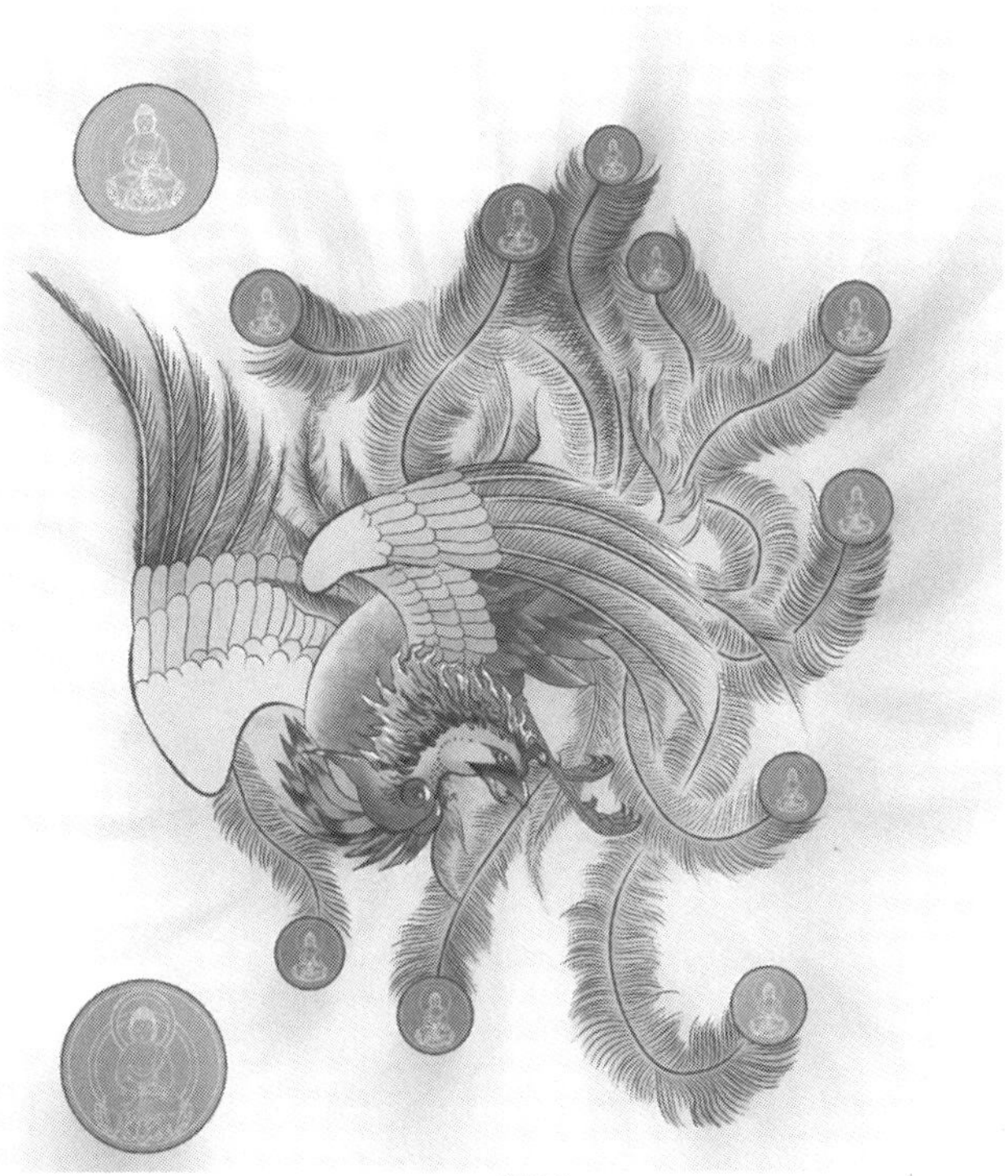

天守台の鳳凰《ほうおう》像

天守台の慈母観音像《じぼかんのん》

からは怖れられていた――それが信長なのです。

それができた背景には、精神的な世界とのつながりがありました。彼にはある程度、未来を見通すことができたのです。こうすればこうなるということが、ほぼ見えていました。だから戦でも連戦連勝できたわけです。

それでも、本能寺の変だけは例外だったようです。

信長にしてみれば、「えっ？」という感じだったのでしょう。

●秀吉の恐怖心

織田信長はそういう人だったので、豊臣秀吉は信長のことをひどく怖れていました。

ただ者ではない、普通の人ではない、という思いが常に心にあったのです。

これは信長が北へ逃げて、自分が天下を取ったあとも続きました。

秀吉は、不安感、怖ろしいという気持ちがすごく強かったのです。

現代社会でもそうですが、恐怖の感情をもっている人は、決して幸せにはなれません。

天下を取っても、どんなに高い位に就いても、恐怖心を抱いている人は幸せになれないし、いい死に方もできないのです。

利休も信長も、自分の信念を貫いて生きた人ですし、周りに対する愛情がものすごく深かった人です。その意味で、彼らは十分に幸せな人生でした。けれども秀吉は、はたしてどうだったのかなとぼくは思います。

彼が性格的にいじわるになったのは、恐怖心や、自分は不幸だという思いがぬぐえなかったからです。そういう人はたとえ天下を取っても幸せにはなれないのです。

評判の悪い朝鮮出兵にしても、やらないとやられるという恐怖心が、ついに海外まで到達してしまったせいなのです。

●リアルな合戦

当時の合戦の様子も、ぼくが見てきたかぎりで書いておきましょう。

じつはぼくは、中学生のころによく合戦を見にいっていました。

その光景は、ふつうの人ならとても正気ではいられないくらい、まさしくすさまじいものでした。

例えばある合戦では、ひとつの丘が人間の死体で完全に埋まっていました。それも３人、４人と重なって、50センチくらいの厚さになっているのです。

自然というのは容赦ありませんから、これらがいっせいに腐っていくと、溶けて人と人の隙間がなくなります。まさに腐った肉の山となるのです。見た目も凄惨ですが、その異臭のすごさはとても言葉では語りつくせません。

合戦の後で遺体が埋葬されることなどないのです。ほぼ放置状態です。だからこんなことになるわけです。

武器や甲冑《かっちゅう》、着物など、価値があるものは盗賊によって盗まれます。刀の金具などは、高名な武将であれば金製ですから、わざわざそれを目指してくる盗人もいるのです。

その後で村民達が小さな金具や帯紐をぬいて持って行くのです。斬られ、刺されて傷んで、腐りかけている死体をひっくり返して盗みを働くわけですから、現代人のぼくたちからすればとても想像できるようなものではないと思います。

●古戦場の波動

このような状況ですから、霊的にもかなりマイナスのエネルギーが発生します。

合戦になった場所、いまでいう古戦場には、たくさんの人が死んで腐って生まれたマイナスエネルギーが、土の奥の奥まで記憶されてしまうのです。

これはまさに、死んだ人のマイナスの波動、意識、情報です。

恨みや痛み、嘆き、怒り、苦しみ、恐怖——そういう感情が土の中に記憶されるわけですから、その土地はマイナスだらけということになります。

かつての合戦は、あまり人が住んでいないような場所で行われたので、あまり影響は出ませんでした。それに加えて宇宙から降ってくるエネルギーだけでなく、森や林のエネルギー、大地の陽のエネルギーが浄化してくれたので、時間とともにマイナスエネルギーも薄れていったのです。

ただし京都は応仁の乱で、街そのものが戦乱の舞台になったので、まだかなりマイナスのエネルギーが残っている感じがします。

日本全国の古戦場を見ても、完全に浄化されきった古戦場は少なく、すべてが浄化されるにはあと１００年か２００年はかかるかもしれません。

記憶の浄化というのは、本当に時間がかかります。逆にいうとそれだけ強い力なのです。

しかし、これから先、現代人にエネルギーを上げることができれば、浄化のスピードも上がっていくはずです。今後は一斉にエネルギー（波動）が高次元になると思いますので、浄化も早まることでしょう。

●比叡山《ひえいざん》焼き討ちと明智光秀

明智光秀はおだやかな性格ではありましたが、根の部分ではやはり勇猛な武将でした。

あまり語られていないことかもしれませんが、けっこうなケンカ上手でもあります。

勝負事のときに彼は見えない世界の力、「気」のエネルギーを使っていました。

戦の前にあらかじめ、「殺す！」という念を送っておくのです。それから戦いのシーンや段取りをイメージングするタイプでした。

「気」のエネルギーを悪い方向に使う武将だったということです。

信長の比叡山の焼き討ちも、明智光秀が中心になってやったといわれていますが、それもやはり彼の性格ゆえのことでしょう。

このようなエネルギーの使い方は自分の身を滅ぼす原因になりますので、絶対におすすめしません。

京都の北東を守るこの山では、たくさんの僧侶が死にました。その比叡山の死者のマイナスのエネルギーが、やがて京都の町に暗い影を落とすことになるのです。

苦しんで死んだ人のエネルギー、念が京都の街まで降りてきてしまうからで、怖ろしいことにそれはいまも続いています。

京都に行ったときにぼくは、比叡山からはずいぶん離れた京都駅の裏にあるホテルに泊まったのですが、そのマイナスのエネルギーがまだ盛んに流れていることに驚きました。

三十三間堂の近くまで降りてきた霊の戦いの声が、はっきりと聞こえたのです。

まさかここまで、と愕然としたことを覚えています。

●僧兵の問題点

比叡山焼き討ちの命令を出したのは、もちろん織田信長でした。

そして実行したのは明智光秀です。

「やれたか？」

「やれました」

「ご苦労、ご苦労」

そんな感じだったはずです。

ただ、これも一方的に信長や光秀を責めるのは間違いです。少なからず比叡山にも問題はありました。

まず、当時の僧侶は武装をしていました。

だからこそ武将にとっては邪魔な存在だし、よけいに腹が立ったのでしょう。

「武士でもないのになぜだ？　なぜそんな恰好をしているのだ？　俺たち武士と戦うつもりなのか？」

「ならば目障りだから殺してしまえ！」

そんな感じのシーンが見えます。信長の仏教嫌はここから来ているのであり、そのような僧侶への不信感からなのです。

当時は僧侶として出家もしていない人間が、僧兵と称して山に籠もっていたともいいます。そうすることでご飯が食べられたからです。

もちろん彼らは好き勝手をします。

僧侶という立場はかなり保護されていましたから、農民たちも娘を連れていかれるなど、かなりの被害にあっていたようです。

これは比叡山だけではなくて、ほかの寺でも大なり小なり、そうなりはじめていました。

焼かれたほうにも少なからず原因があったことは間違いありません。

「何だそれは？　だれの金で酒を飲んだり、女を呼んだりしているのだ？」

こうして「けしからん！」となったのです。

●武将と神仏

信長は比叡山を焼き、多くの僧兵を殺害しました。

けれどもそれにはこうした理由があったわけで、基本的に武将たちは神仏をとても大切にしています。

武田信玄《たけだしんげん》も上杉謙信《うえすぎけんしん》も、神仏にすごく頼っていたという話があります。なぜなら戦の勝ち負け、勝負ごとの世界というのは、最後は運命任せの面があるからです。

最終的には自分の運命を神様に任せる気持ち、ゆだねる気持ちが大切なのです。もちろんそのためには日々、神様に奉仕することが必要です。

彼らは奉仕の意味で神社やお寺を作り、仏像を安置しました。そういうことを盛んにやって、戦がうまくいけば恩返しをし、さらなる忠誠を誓ったのです。我欲もたくさんありますがそういうことを一所懸命にやっていました。

残っているお寺の多くは、当時の武将が寄進したものです。

壁画を作るとか、屏風を作ってそこに神様を描かせるとか、いまよりもはるかに信心深かったのだと思います。

いまの常識から見れば、当時の人は迷信深い、非科学的なことを信じていると思えるかもしれません。でも、本当にご利益はありました。

むしろ、そういう気持ちは見習うべきなのだと思います。

実際、世の中は少しずつ、そういう精神世界重視に戻りつつあります。いくつもの批判を受けながらも、確実にそちらに向かっています。これは間違いありません。

とくに世の中が混乱して、苦しい時代になったときには、自ずと神仏を信じる方向に向かっていくのが人間なのです。

そうでなければ辛い心を緩和させることができません。そのために神仏という存在を信じるということが、宇宙の流れとしてあるのです。

簡単に言えば世の中がマイナスの流れになったら人間が自からプラスの信じる、喜ぶ、楽しむエネルギーを出しなさいというメッセージなのです。

パート6

未来の話

●混乱の原因は多様化と貧困

いまの世の中が混乱しているということは、多くの方が感じているのではないかと思います。原因を簡単にいえば、貧困層の問題がかなり根深くなっているからです。

社会が混乱するのは、食べられない人、病気に苦しむ人が増えているからです。なぜ食べられないのか、なぜ病気になるのかというと、それは経済がもう長いあいだ発展していないからです。

日本でバブル経済がはじけてからすでに30年くらいがたちます。これは結構長い時間です。そしてこの時間が長ければ長いほど、貧困とされる人々の数は増えていきます。

また、日本は長寿国といわれていますが、長寿であるがゆえの貧困も生まれはじめてきているのです。

細かくいうと、生き方の多様化が推進されているのも、貧困のひとつの原因になっています。

多様化のひとつとして離婚が世の中に認められてくると、母子家庭、父子家庭が増えてきます。これが貧困につながってしまうケースは多いのです。

もちろん、離婚したほうがお互いのためになるということもあるでしょう。けれども、もともと結婚に夢を見すぎてしまっていた、ということもあると思います。

結婚すれば幸せになれるはずという思い込みだけで結婚してしまうと、簡単に「そうじゃなかったから、別れましょう」となるわけです。

昔の人たちは、そこからが辛抱の始まりだということを、若い人たちに一所懸命に教えてきました。

でもいまはどちらかというと、辛抱する必要はないという考え方です。皮肉なことにそこから貧困層が増えていくというのが現実なのです。
多様化といっても、いい部分もあれば悪い部分もあるわけです。

●女性の役割

先日、東京大学名誉教授で医師の矢作直樹先生と、「女性の役割、役目」というテーマで少しだけお話しをさせていただきました。そこで興味深いお話をうかがうことができました。

江戸時代の武士の家では、夫は外で忙しく働いています。殿様の命令ですから、それに従わないわけにはいきません。それこそ滅私奉公で主君のためにとことん尽くすわけで、それが当たり前という世の中だったのです。

そうなると武家の妻たちは、家の中で一所懸命に家事や子育てに集中せざるを得ません。この時代、武家の女性が外で働くなどというのはあり得ないことでした。

その武士の家では農民や商人など、いろいろな人々の面倒をみるということも大きな仕事のひとつだったのです。

世間話をしたり、苦情を聞いたり、若い娘の縁談を取りまとめたり、そういうことを一手に引き受けていたわけです。

武家の妻たちは、そうすることが夫の手助けとなり、自分の幸せなに繋がるのだとの思っていて、その気持ちが揺るがない人たちだったのでした。また、それがあったからこそ家の中も幸せであり、町も幸せになる――こうして統制がとれていました。

そういう意味では、すごくいい時代だったといえます。

女性が女性らしく活躍できる、とてもいい時代だったのです。でも最近は、そういう精神性がなくなってしまっている、そういうお話でした。

●本当の平等とは

いまの時代は女性も、生活のために社会に出て働くことを求められています。

あたりまえですが、そういう意味では江戸時代とは違います。

問題は、男と女は平等という社会常識のなかでは、女性は男性と戦わなければならなくなるということです。働くということは、同僚の男性たちと対等にやっていかなくてはならないということだからです。

でも、女性と男性とでは基礎体力がまったく違いますし、脳の作りも違うといわれています。男女それぞれに向き不向きというものが当然、生まれてくるのです。

ひところある大学の医学部の合格率について、男性が女性よりも優遇されているのは不平等だという指摘がありました。

大学側はその理由として、女医は肉体的に重労働の外科を選ぶことが少なく、比較的楽な皮膚科や眼科ばかりいってしまうからだ、と言い訳をしていました。

これも、体力的な問題のひとつといえるでしょう。

そもそも医者は肉体的、体力的に強くなければできないわけですから、女性が医者になるのはものすごく大変なのではないかと思います。また、女性は子供を産み育てるという大切な仕事もあります。男性にも協力してもらい、楽しく子育てしていただくことは、これからの時代には必要なことかと思います。しかし産むことはもちろん、育てることは女性の能力のほうが向いていています。女性が子育てをすることは宇宙の法則であり、女性の役目として与えられているものなのです。

●男女の違い

ごく大雑把にいうと、女性は感覚重視ですが、男性はノルマ達成型です。だから男性は、ノルマを与えられて達成することが得意です。でも女性は感覚型なので、自分がいい感じだと思えることをするのが得意なのです。

ということは、男性と同じ仕事を同じような方法論で行うのは、女性にとってはとてもキツイわけです。誤解を恐れずに書けば、無理をしなければできないことなのです。

「あ、これは無理なんだな」

こういうことはもう、だれもがとっくに感じはじめているのですが、社会の仕組み上、やらざるを得ないわけで、それはとても残念なことだと思います。

やはり男女の平等は、はき違えてはいけないのです。

本当の男女平等は、男性が女性を尊敬し、女性も男性を尊敬する――ここで止めておくのが一番いいのかもしれません。

平等だから仕事も働き方も責任も休み方も同じ――それが平等ということではありません。お互いを慮ることこそが平等なのです。

平等というのは、女性が男性化することではありません。男性もそのことを理解し、携わってほしいものです。大切なのは、女性の特性を活かすことです。男性は男性の特性を活かす。そして個人の自分を活かすことです。

それがこれから求められることではないかと思います。

●命を育む環境を

女性には、子供を産むという大切な仕事があります。
神様は男性は逞しく働き、家庭という国の王である役目をくださいました。女性は子を産み、育て、後継ぎとし国力を増していく役目をくださっています。

しかし現代は家庭を支えるため、または生きがいを求めて働く女性が増えています。そのためストレスが増え、本来の役目である母親業が手薄になったりしています。そうなるくらいなら、家族に手伝ってもらえば、幸せにも繋がるでしょうが、放棄してしまい、自分が母親になった意識を喪失してしまっては困ります。また新米ママが子育ての相談相手がいなく孤独化していることも問題です。

子供は光で、エネルギーです。国が繁栄していくには経済発展が不可欠ですが、次に大切なのは子供の出生率と保育力です。日本は霊性の高い国であり、それを継承していくためにも、日本古来の霊性の高い保育の考え、教育方針がなければなりません。じつは宇宙のエネルギーに近いエネルギーを放っているものが地球上にもたくさんあります。森、林、木々、草花です。そのようなエネルギーに小さいころからふれ対話し遊ぶことは魂のエネルギーを強硬にし生きる強さを身につけます。今後、天と繋がった子ども達が多く生れてきますので保育や教育にとり入れてもらいたいものです。

●命はさまざま

人の命の在り方はさまざまです。
生まれたときから障がいを持って生まれる者、生まれて数ヶ月で死んでいく者。しかしそれは生まれてくる前から約束された運命です。魂の部分で障がいのあることを恐れたり、悲しんだりしていません。そうした身体の不自由さの中にも幸せであることを見つけられ、そう感じ続けることができたら、死を迎えた後は上級層の一員になれると、自分の死後の運命も知っています。

また、数ヶ月で命を落とす魂は「初めて人間に生まれてくるので、お母さん、お父さんの顔（気配を感じる）だけで充分嬉しいし、幸せです」と思っているのです。もちろん魂によって若干の温度差はあります。

世間一般の常識的に合わせた幸せだけを求めてしまうと、それが理解できず、必要のないことにとらわれて苦しくなってしまいます。

生まれる前に自分の住む環境や親を選べます。人を愛することができない、寂しい心の親のもとを自発的に、自分がこの親を幸せにしてあげようと生まれてくる魂もあれば、この親なら自分を理解して愛情深くそだててくれるだろうと判断して生まれてくる魂もあります。死も自分の意志によって決めます。

死は敗北でも終わりでもありません。元いた場所へ帰る儀式のようなものです。

死を迎えた時から意識は魂中心になり、感情に振り回さることなく地球上にいた時よりも、なにもかもが鮮明に感じられるようになります。感じる力が強くなるということです。

僕は子供の頃から地球と宇宙を行ったり来たりしていますが、世の中の宇宙（死後の世界）の常識は間違いだらけです。

地獄は存在しませんし、神様は大勢います。神様は元は人間ですから感情もあります。怒ってしまうこともありますし、一人の人間に肩入れして応援エネルギーを出し続けることもあって、決して公平ではありません。

宇宙のエネルギーも滞ることもありますし、一瞬で美しく変わっても行きます。自分本位に宇宙は万能神様は完ぺきだと思いこみそのことを理解してない人が多く、驚くことも多いです。

いつまでも常識に囚われていては神様からの応援エネルギーは降り注いではこないでしょう。頭を柔らかくし、常識の壁を破り捨てて欲しいものです。

●波動が変わった

いま、時代は大きく変わっています。それは流れが変わった、波動が変わったということです。

2020年の1月は、ぼくにとってとても過ごしやすい時間でした。過ごしやすかったということは、普通は見られない色とりどりのエネルギーがふりそそぎ空気中をサラサラと流れているのが見えます。

ただ、いいものも動きますが、同時に悪いものも刺激をうけて動いてしまいます。隠れていたマイナスエネルギーが表面に出てきやすくなるのです。

地下で眠っていた悪いものもポンッと芽が出てしまう、そういう時期でもあるのです。

大きな自然災害などで亡くなる人は、言葉はよくないかもしれませんが、多くは自然界による波動調整という意味合いがあります。

人が死ぬということは、その人の魂、エネルギーが宇宙に上がっていくということです。宇宙全体のエネルギーを上げようという目的があり、たくさんの人が亡くなって、魂が宇宙に帰っていくのです。

亡くなった魂は下級層で浄化と癒やしを終え、中間層で学びを深め、また地球に気づきを得るための人間となり生まれ変わります。もしくは上級層で神様になり、宇宙と地球のために働く存在になります。それは魂が自分のレベルを見極めて決断します。

この十年は特に神様として働こうとする魂が減少しています。それは働くことを喜びとする意欲のある魂が減っているからなのです。どうも宇宙はこのレベルの魂をとても必要とし、地球に変化をもたらしたがっているようです。

それにはパート1でも書いたように、魂を早く中級層に上げていかなければなりません。下級層にいたままだと何もできないのです。

あまりにたくさんの人が一度に亡くなってしまうと、下級層は魂であふれてしまいます。そうなると、上から降ってくる宇宙根源のエネルギーも浴びづらくなります。その結果、必要以上に長く下級層に滞在してしまうという悪循環が生まれます。

そのため神様級の人たちは、一所懸命に自分のエネルギーを降ろしています。早く中級層に上がってもらうように、魂が元気になるように調整をしているのです。

500年も千年も眠る魂が下級層にはたくさんいます。それは地球に生きることがとても大変なこと、たくさん癒やされないと元気になれないと地球にいきていたところに思い込みを抱えてしまっていることが一番の原因なのです。

●霊性を上げるには

同時に地球で生きる人たちも学び、気づくことが求められています。自分の霊性をできるだけ地球上で上げてから宇宙にくれば、下級層にいる時間も短くなります。又、瞬時に上級層へ昇り神様として宇宙にこうけんもできます。

霊性を上げるにはいろいろなことに気づくこと、とくに自分という魂の思いに気づくことです。自分にはどんな才能があって、どんなことができるのか、そこに気づき、その才能を活かしながら日々を過ごすこと、困難をも乗り越え最後まで生きることで、十分に神様レベルにいくことができます。

逆にいえば、それに気づいていない人が多いということです。

では、気づくにはどうすればいいのでしょうか？　今までは顕在意識・潜在意識と多方面からアプローチし、一人一人自分の能力の高さに気付いてもらってきましたが、もう新時代となり色々なできごとが足早に過ぎ去って行くことでしょう。このような時代は、心がブレて動き生きた心地がしなくなる方も多くなると思います。もう悠長に、ああだこうだと虎の巻を出している暇はありません、一瞬にしてブレない自分創りをしなければならなくなりました。これは自己エネルギーを高めるしかないのです。それも短時間で。

とにかく宇宙のエネルギーを浴び続け確実に高次元のエネルギーを手に入れる努力が必要です。トラウマ外しも心の解放も自分癒しも一つ一つやっている場合ではありません。一度に全部可能にするにはまず光・エネルギー気功で自分のエネルギーを高めて下さい。これは自分でできます。このくり返しを行ない自分の体にエネルギーがいきわたる感覚が出来たら自分のエネルギーを空高く上げます。すると心の中にメッセージが届けられます。だんだんには会話が成り立ちます。これをリーディング又は繋がると言います。とんでもないように思われますが、もともと日本人は霊性が高く心を静め集中を心がけてトライすれば、無理なことではありません。又これが出来て終りではありません。それが出来てやっと始まることができるのです。自分の存在の無限さと無力個の存在を嫌というほど感じるかもしれません。社会を広く知る事の怖さ、宇宙を見渡す意識の目の構築、宇宙と繋がり、メッセージを受け取ってなお、問題は突きつけられます。それでも自然と自分を活かし、充実感は得られ、霊性は高まっています。

これからの時代に必要な人材は宇宙と繋がりより霊性の高い方々です。そのような感覚を身に付けた人達が必要な時代です。ぜひ霊性を高め新時代を活き活きと生き抜いてください。

自分を変えたい。もっと成長したいという思いがあればどんどん変えることが出来るのです。
ぼくはいまそれを、連続講座で教えています。
宇宙のエネルギーを自分の力でとりこむ方法。
そのエネルギーを人に与える施術法。
自分のエネルギーを対象物に伝えリーディングする方法。
自分の魂との対話方法。
どれも天と繋がるための基礎知識です。
学ぶことで自分の霊性が上っていきます。

●天照大御神《アマテラスオオミカミ》のメッセージ

ぼくたちのようにエネルギーが高めで、宇宙を見ることができる人のところには、天照大御神からのメッセージが届けられます。

「天照から、こういうことを教えなさいと指示されたので、お伝えします」

そういいながら天照大御神の「助手」がやってきて、あれこれと細かく指導をしてくれるのです。

「これをやれということなのかな？　これがぼくにとって気持ちいいことなのかな？」

と聞いてみると、

「そんな話がきていますが、これはあなたにとっては本業ではなくてオプションのようなものです。ですから、やってもやらなくても、どちらでもいいですよ」

そんなふうにすごく具体的に教えてくれます。

いま、ぼくのところにやってくる天照大御神の助手は、ヒメという名前の神様です。

比較的最近に亡くなった女性なのですが、とても面白くて優秀。それがいまのぼくのアドバイザーです。

同じような役割をしている神様は、5〜6人いるそうです。その中から、「私がきました」と挨拶をしてくれました。

生前の彼女はビジネスコンサルタントのような仕事をしていたらしいのですが、忙しすぎて40歳くらいで早死してしまったそうです。性格がパワフルだし仕事も大好きなので、死んで下級層に上がるとすぐに天照大御神から声をかけられました。

「あなたはもう、こっちにきなさい」

そのまま上級層のトップの天照大御神のところにいって、「仕事をしなさい」といわれるまま、いろいろな人のところをまわっているのだと説明してくれました。

「いつまでいられるかわからないから、はやく覚えてね」

そういいながら、いろいろなことを解説してくれます。

「あなたの特性はこうこうこうで、こういうふうに思うと能力がいっぱい使えるから、こういうふうにものごとを考えなさい」

具体的ではありますが、多くの場合、これがむちゃくちゃ常識外れなのです。

「神原康弥という人間は、スピリチュアル世界の常識にはほぼ適用できません。そうなるとあなたには合わないものばかりなので、自分を神様だと思いなさい」

そう言うのです。

人間は人間、神様は神様で霊格がまったく違うから、人間をマネしてはダメだ、と。人間のいうこともいっさい聞くなと言います。

「あなたは、これがしたい、これがいい、これが好き、ということだけをしなさい」

「仕事と雑務はママと弟に任せなさい」

「あなたのやることは、光の言葉を下ろすこと、光の声を発することだけ。それ以外はするな。それだけをしていれば、楽で幸せに暮らせます」

ぼくは神様なのですが、悪いものもいいものもすべて吸収してしまう神様だといいます。

神様といっても怒りの神様もいるし、優しい神様も、強い神様もいます。だから最終的にどんな神様になるかはまだわからないので、悪いものにはできるだけ触れないようにバリアを張っておくように注意されました。

とはいってもぼくの場合、強い神様になるということにだけ集中していれば、あとはほぼ大丈夫なのだそうです。もしも光の言葉、光の声以外のことをやりたくなったとしても、それはあくまでも趣味にしなさい、と。

「やりたいことがあるのですが、環境が悪いので変えたい」

あるときヒメにそういうと、こんな返事が返ってきたことがあります。

「それは天照と相談するから、ちょっと待ってください」

「あ、そうですか（笑）」

するると間もなく、返事がきました。

「それは康弥さんの力ではなく、お上の力でやるので、それには力を注がないでください。お上がやります」

どうやら、ぼくの仕事ではなかったようなのです。

●天皇霊

その天照大御神を祖先神とする、天皇についても触れておきましょう。

天皇が代々受け継いでいるものに、天皇霊というものがあります。

大嘗祭《だいじょうさい》では新天皇に天皇霊が「憑依《ひょうい》」することで、新天皇は完璧な天皇になるといわれています。つまり天皇霊は、代々の天皇の御霊《みたま》だということも理解できるでしょう。

まさに、霊性の継承です。

子孫に霊的な能力が強かった祖先が降りてきて、「こういうふうにしなさい」とアドバイスするのはよくあることです。

ある天皇家ゆかりの人は、自分のお父さん——元天皇だとおっしゃっていますが——が憑依したり夢に出たりして、「こうしろ、ああしろ」と指示してくれるといいます。やはりそういう血は受け継がれていて、「憑依」もしやすいのです。

大嘗祭のときに瞬間的に空が晴れて虹がかかったとか、天皇にまつわる不思議な現象は多いと聞きます。

たとえ反天皇を掲げた人でも、実際に天皇にお会いするとその存在そのものに魅了され、圧倒されて熱心な信奉者に変わってしまうことも珍しくありません。

人に安らぎを与え、癒やす——その力がとても強いのです。

これは人から聞いた話ですが、長いあいだ心霊現象に悩まされていた第2次世界大戦の激戦地跡を天皇が訪問されると、それまでのおかしな現象も一気に収まってしまうということです。

ぼくは、天皇の御用邸《ごようてい》がある神奈川県の葉山に遊びにいったことがあるのですが、その周辺もやはり波動が違っていました。

御用邸に近づけば近づくほど、エネルギーが変わっていくのがわかるのです。それはものすごくキラキラした美しいエネルギーでした。

葉山の御用邸の近くに知人の家があって、その日はそこに泊まらせていただいたのですが、屋上に上がるとこんもりした山が見えて、ちょうどその奥が御用邸というシチュエーションでした。

これは母の話ですが、夜、そのこんもりした山のこちら側の空に赤オレンジの、星にしては大きすぎる光が点滅していたといいます。

しばらく見ていると、その山の奥から優しい光が浮かび上がってきて、それぞれの光が会話を交わしていたそうです。

つまり2機のUFOが、山の奥と遠くの空で交信しているわけです。

「どうですか?」

「快適ですよ」

「エネルギーは上がっていますか?」

「まあまあです」

そんな感じだったといいます。

交信していることが、その光でわかったと母は話していました。

残念ながらぼくは部屋で眠っていたので、見ることができませんでした。

これは葉山に、皇室の御用邸があることでとてもいい気が保たれているという証拠です。

気がいい場所には、UFOも現れやすいのです。

気が汚れているところにはUFOは出ません。きれいな波動のところにだけ、出るのです。

ですから、祝いごとの儀式の場などには、ＵＦＯが出現しやすいわけです。

それくらい、皇室の波動は高いということです。

当然、皇居も波動はとても高いです。

皇居周辺は人出があまりにもすごいので、皇室以外の人の波動もあふれているのですが、それでも皇室の波動は抜きんでているので、できるだけ皇居に近づいたほうが私達の波動もきれいになります。

●光エネルギー気功

いま地球に対して、「変われ！」という声がとても大きくなっています。

それは地球だけではなく、宇宙全体についても同じです。

なぜならこれからは、いままで隠していたもの、隠されていたものが浮き彫りにされる時代だからです。

文明開化ならぬ「波動開化」とでもいうのでしょうか。

例えばＵＦＯの存在にしても、これから少しずつ開示されてきます。

それが、現実なのだと多くの人が感じることで、ぼくたち全体の波動も上がっていくのです。

常識、科学の限界というもので、世界はがんじがらめに縛られています。

そのタガが外れる、そういう時代がやってくるのです。

だからこれからは「波動開化」をさせるために、だれもが驚くようなことが次々と起こってきます。

それは日本だけでなく、世界的にも、宇宙的にも共通の出来事なのです。

「光エネルギー気功」といって月に2回ほど母が体調不良の方や、精神的な問題を抱えている方に施術する日を設けています。連続講座では受講生のみなさんに人に施術できるまでのノウハウを教えています。

僕はこれからの日本は今までのように気軽に医療は受けられないだろうと思います、病気になりにくい身体づくり、心づくりをしていかなければならないと思っています。これからこの考えは世の中を変えるぐらい重要になります。

ちょっと頭がいたいなとか腰が痛いなと思ったら自分でなおすことができるようになったほうが良いです。その方法はいくつかありますが、まず一番簡単なものをお伝えします。

頭の上にアンテナを立てるイメージをしてください。意識を上にあげ厳かなきらびやかな空を想像します。その空をアンテナの力を使って吸い込みます。そのまま鳩尾までストンと流し落としてください。鳩尾に魂があると言われ、ゴルフボールくらいの大きさと思っておくと良いでしょう。しばらく魂に溜めて置きます。40秒ぐらい時間をかけます。これが今あなたの吸収できる宇宙エネルギーです。

気づきや考え方が深まると吸収できるエネルギーも高次元となります。これも重要ですので心に落としこんでおいて下さい。その意味でも意識改革は大切で連続講座では重きを置く内容となっています。鳩尾すなわち魂に沢山のエネルギーが貯まったら右足の親指を確認してください。そして魂から右足親指に向いエネルギーが小川のように流れる姿を想像します。次は左足親指を確認し、また右足から左足までエネルギーを流します。そして今度はお腹まで上がって行きます。最後にお腹の周りを大きく2回回します。

これを1セットとして普段は5セット〜6セット行ってください。体調不良、なにか問題を抱えている人は20分〜30分続けると良いです。これは宇宙エネルギーを効率よくとりこみ自分の身体に巡らせているということで自然治癒力が高まり、病気が良い方向へ向いていきます。これからの時代には必ず必要となります。又続けることで霊性を高めます。

元気で自分に良いことを始めてみたい方は是非これを習得してください。

簡単に言えば自然治癒力を伸ばすことに繋がるのです。

こんなに素晴らしいことはありません。

いまはまだ地球温暖化が叫ばれていますが、本当はこれから先、地球には氷河期がやってきます。そうなれば当然、寒くなります。そのときにも、宇宙エネルギーの気を取り込めれば、自分の体を温めることができます。

氷河期がくる前には、少しだけ暖かくなる時期があります。これがいまいわれている温暖化の正体であって、そこから急激に寒くなるのです。

地球のポールシフトが起こる、地軸がズレるという話もありますが、それは当面は起こらないし、起こったとしても５００〜１０００年くらい先になります。

温暖化で南極の氷が溶けて、世界が水没するという話も、ニセ情報に惑わされているだけなのです。

ぼくはこの本で、上級層の一番下の神様を増やそうとしていると書きましたが、それはこれから先、大きな災害が地球上で起こるということなのです。いまはまだ、神様が一所懸命に押さえていますが、いつか限界がくることでしょう。

そのときのためにも、ひとりひとりが宇宙の仕組みを知り、宇宙エネルギーを感じ取れるようになることが必要です。

光・エネルギー気功をこつこつ続けることで体調や運が良くなるだけでなく、宇宙エネルギーを感じ、その存在を知ることが出来ます。宇宙を知ることは自分を知る事と等しく自分を高めます。自分を高めていくと社会の情報にふり回されなくなります。宇宙と繋がることはこれからの時代を生きていくためにはとても大事なことで多くの方に習得していただきたいと思います。現在連続講座「天を読む人を繋ぐリーダー育成講座」にて学ぶことが出来ます。

今後の募集予定は

第22期　土曜・月1回コース　8/1　9/5　10/3　11/7　12/5　2021　1/9
補講2021　1/23
第23期　木曜コース　8/6　8/20　9/3　9/17　10/1　10/15　補講11/15
第24期　木曜コース　9/10　9/24　10/8　10/22　11/12　11/26　補講
12/3
第25期　土曜・月1回コース　10/10　11/14　12/12　2021　1/16　2/13
3/13
補講2021　4/10
第26期　火曜コース　11/3　11/17　12/1　12/22　2021　1/5　1/19
となっております。詳しくは公式サイト(https://www.kouenergy.com/)
　自分を高め魂が望む人生をおくりたいと思っている方は学びにいらして下さい。

●コロナウイルスと今後の日本

1月末頃からコロナウイルスが猛威を振るい社会全体が混乱を期しています。

この原稿は1月の上旬から取りかかり骨組みは1ヶ月間ででき上っています。しかしコロナウイルスの出現によって人々の不安は増幅していますので以下のことに触れておこうと思います。今日は3月14日です。

今、日本が、いや世界がコロナウイルスと立ち向かいなんとか死者が出ないようにと策を練っています。しかしこれは日本のみならず世界への警告です。あまりにも物理主義がいきすぎ、人間の欲求は増幅するばかりの時代への崩壊を意味しています。また今までにもインフルエンザやガンといった不治の病は進化をとげて表面化してきました。そのたびに死と向き合うことなく、生き長らえる方法を見つけ出してきたのが人間です。コロナウイルスがこれ程に拡大にするのは、すべてを崩壊し新しい価値観の基礎から創り上げようとしているのです。もう一度言いますが、死とは終りではなく敗北でもない、宇宙へ帰るということです。

死への恐怖があっては帰れる魂も帰ってこれなくなり地球や宇宙の狭間に居座り続けることになってしまい、悪循環を生み出してしまいます。

今こそ死の常識を正しいものに変えなければなりません。

病気への対処方法を医療から自然治癒力へと変換することも大切です。

前にも再三書いていますが今年は大変化の年であり、良いことも悪いことも表面化する年です。コロナウイルスはスタートであって、終息後も色々なことが起きるでしょう。経済破綻、医師不足による医療破綻、政治家の力不足、報道の倫理問題などは見えない所で滞りがあり、これはかなり流出するでしょう。

又海外諸国との関係性も大きく変化します。

物不足は世界共通の問題となり、輸入野菜や肉は思うように入ってこなくなります。そうなると国産で賄う必要があり、一旦は食品の値上がりが加速します。

日本も経済状況は大きな問題となり、かなりの失業者が出ます。働けることは幸せなことだ、働けるだけでもありがたいという謙虚な心が必要だと思います。

現在、すでにそのようなニュースも出ていますし、弟は銀座のカフェで働いていますが、昨日だけで3人の若者がアルバイトを希望して連絡がきたそうです。銀座で同じように働いていたのですが、そのお店が閉店となり困ってのことだそうです。これは外食産業の終り、飽食時代の終りともいえます。

一見悪いことばかりに思えますが、良いことも沢山あります。

まず都市の人口は地方へと流れていきます。コロナウイルスの拡がりからみても都市に住むことの危険性は高く、便利であった都市で医療が受けられない、人間関係の複雑化で学校に行けない、と感じれば多くの人々のUターン、Jターンはますます行なわれます。

又、地方は広大な土地を利用して病院、老人ホームのような施設建設が進みますので、少しずつ住み易くなるでしょう。

人は自然を求め地方に拡がります。平日は、在宅ワークをし、土日は家族で野菜やくだものを育てる。夜は友人と共に作った野菜を調理しゆったりと食べる。音を気にすることなく音楽を奏でたりおしゃべりに興じる。都会では味わえないゆったりとした時間、豊かな暮らしを求めるようになります。自分のテンポで生活しながら人々との繋がりや、共感性を大事にする動きも益々広がります。農地を拡げる活動が進み多くの人が色々な形でたずさわるようになると思います。

地方では老人と若者がほどよい関係を保ちながら、コミュニティー創りが盛んになると感じます。都市は今までのような便利さや簡単といった意識は薄れていくでしょう。飲食店や24時間営業といったものは、減少していきます。贅沢志向はもっと薄れ、車の台数、電車の走る本数も少なくなります。人は地方や海外に流れ、一見活気のないように思われますが、人口密度は減りますので、今までのような混雑は見られなくなります。

これまでが便利になりすぎ、人間らしい感覚が失われてきたのですので、何が幸せなのかを知っている人達にとっては、住みやすい都市となると思います。また、日本は世界の中で大事な役割を担うこととなります。日本の文化思想が注目され諸外国はとり込れようとするようになると思います。人への思いやりマナーは日本とくゆうのものがあり、これは霊性の高さを表しているのです。

これから三年間は変化する社会についていけず、混乱してしまう人も多いかもしれません。しかし必ずその中でも人間らしい幸せはあります。

地球は今、大変化を遂げようとしています。

その中で日本は日本人としての霊性をとりもどし誇りをもって地球の大きな輝きとして活動しなければならない時になりました。そのことの意義の重大さに目覚めた者から自分を磨き魂の思うままに活躍して下さい。日本人の魂はその役目を持って世界に光をもたらします。

まずは一人一人がその道の明るきことを信じ天と繋がる霊性を身に付け、神聖なる世界を築いていって下さい。10年後には私達が思っている以上のすばらしい未来がそこにあるのです。（おわり）

僕が見てきた宇宙と日本の歴史

令和2年 5月27日 初版発行
令和2年11月13日 第2刷発行

著者 神原康弥

発行人 蟹江幹彦

発行所 株式会社 青林堂
〒150-0002 東京都渋谷区渋谷3-7-6
電話 03-5468-7769

装幀 TSTJ Inc.

イラスト 高岩ヨシヒロ

印刷所 中央精版印刷株式会社

Printed in Japan

©Kouya Kanbara 2020

落丁本・乱丁本はお取り替えいたします。

本作品の内容の一部あるいは全部を、著作権者の許諾なく、転載、複写、複製、公衆送信（放送、有線放送、インターネットへのアップロード）、翻訳、翻案等を行なうことは、著作権法上の例外を除き、法律で禁じられています。これらの行為を行なった場合、法律により刑事罰が科せられる可能性があります。

ISBN 978-4-7926-0678-7

ピラミッド封印解除・超覚醒
明かされる秘密
松久正
ピラミッドは単なる墓などではなかった‼　88次元存在であるドクタードルフィンによる人類史上8回目の挑戦で初めて実現させたピラミッド開き！
定価1881円（税抜）

神ドクター　Doctor of God
松久正
至高神・大宇宙大和神（金白龍王）が本書に舞い降りた！　神々を覚醒・修正するドクタードルフィンが、人類と地球のDNAを書き換える！
定価1700円（税抜）

僕が神様に愛されることを
厭わなくなったワケ
保江邦夫
なぜこの僕に、ここまで愛をお与えになるのかイエス・キリストからハトホル神、吉備真備、安倍晴明まで次々と現われては、お願い事を託されてしまった！
定価1400円（税抜）

日本の女神たちの言霊
大野百合子
神道学博士　小野善一郎先生推薦！【付録】本書登場の女神様のカードが1枚、ランダムついています。
定価1800円（税抜）

みんな誰もが神様だった

並木良和

目醒め、統合の入門に最適。東大名誉教授矢作直樹先生との対談では、日本が世界のひな型であることにも触れ、圧巻との評価も出ています。

定価1400円（税抜）

失われた日本人と人類の記憶

矢作直樹
並木良和

人類はどこから来たのか。歴史の謎、縄文の秘密、そして皇室の驚くべきお力！　壮大な対談が今ここに実現

定価1500円（税抜）

新型コロナウイルスへの霊性と統合

矢作直樹
並木良和

ウイルス情報は隠蔽され日本の歴史も改竄されているその真実をお知らせします。

定価1200円（税抜）

5次元への覚醒と統合
"Awakening and Integration to 5 Dimension"

トレイシー・アッシュ

覚醒、変容、奇跡を人生に顕現させる「魔法の書」！　世界的アセンションのリーダーが日本へのメッセージをおくる

定価1500円（税抜）

地球の新しい愛し方

白井剛

読まなくても開かなくても持っているだけで地球や宇宙が応援してくれるような本です。

定価１７００円（税抜）

まんがで読む古事記　全7巻

久松文雄

神道文化賞受賞作品。古事記の原典に忠実に描かれた、とてもわかりやすい作品です。

定価各９３３円（税抜）

日本を元気にする古事記の「こころ」改訂版

小野善一郎

古事記は心のパワースポット。祓えの観点から古事記を語りました。

定価２０００円（税抜）

大開運

林雄介

この本の通りにすれば開運できる！　金運、出世運、異性運、健康運、あらゆる開運のノウハウ本

定価１６００円（税抜）